LETTRE

SUR

LA POLITIQUE DE LA FRANCE

EN ALGÉRIE

LETTRE

SUR

LA POLITIQUE DE LA FRANCE EN ALGÉRIE

ADRESSÉE

PAR L'EMPEREUR AU MARÉCHAL DE MAC MAHON

DUC DE MAGENTA, GOUVERNEUR GÉNÉRAL DE L'ALGÉRIE

PARIS

M DCCC LXV

NOTE DE L'ÉDITEUR.

Cette lettre a été imprimée, par ordre de l'Empereur, dix jours après son retour d'Algérie; elle n'avait pas été rendue publique, parce qu'il importait à Sa Majesté que toutes les questions qui y sont traitées fussent préalablement discutées par les Ministres et le Gouverneur général. C'est après avoir pesé toutes les objections et fait subir plusieurs changements au texte primitif que l'Empereur en a autorisé la publication.

LETTRE

SUR

LA POLITIQUE DE LA FRANCE EN ALGÉRIE.

Monsieur le Maréchal,

La France possède l'Algérie depuis trente-cinq ans : il faut que cette conquête devienne désormais pour elle un accroissement de force, et non une cause d'affaiblissement.

Sous tous les gouvernements qui se sont succédé, et même depuis l'établissement de l'Empire, près de quinze systèmes d'organisation générale ont été essayés, l'un renversant l'autre, penchant tantôt vers le civil, tantôt vers le militaire, tantôt vers l'Arabe, tantôt vers le colon, produisant au fond beaucoup de trouble dans les esprits et fort peu de bien pratique. Il s'agit aujourd'hui de substituer l'action à la discussion. On a bien assez légiféré pour l'Algérie.

Pénétré de cette pensée, j'ai mis par écrit le résultat des observations recueillies pendant mon voyage. Je n'ai point la

seulement de trancher quelques questions fondamentales, de les écarter à jamais de la controverse et de tracer en même temps un programme qui se compose presque exclusivement de règles de conduite à l'adresse des administrateurs de tous les degrés.

Mon programme se résume en peu de mots : gagner la sympathie des Arabes par des bienfaits *positifs*, — attirer de nouveaux colons par des exemples de prospérité *réelle* parmi les anciens, — utiliser les ressources de l'Afrique en produits et en hommes; — arriver par là à diminuer notre armée et nos dépenses.

Deux opinions contraires, également absolues, et par cela même erronées, se font la guerre en Algérie. L'une prétend que l'expansion de la colonisation ne peut avoir lieu qu'au détriment des indigènes; l'autre que l'on ne peut sauvegarder les intérêts des indigènes qu'en entravant la colonisation. Réconcilier les colons et les Arabes, en ramenant les uns et les autres dans la voie tracée par ma lettre du 6 février 1863; prouver par les faits que les derniers ne doivent pas être dépouillés au profit des premiers, et que les deux éléments ont besoin de se prêter un concours réciproque, telle est la marche à suivre : les Européens doivent servir de guides et d'initiateurs aux indigènes pour répandre chez eux les idées de morale et de justice, leur apprendre à écouler ou transformer les produits, réunir les capitaux, étendre le commerce, exploiter les forêts et les mines, opérer les desséchements, faire les grands travaux d'irrigation, introduire les cultures perfectionnées, etc. Les indigènes doivent seconder l'établissement des Européens, afin de trouver chez eux l'emploi de leur main-d'œuvre, le placement de leurs récoltes, de leurs bestiaux, etc.

Quand cette pensée aura été bien comprise et énergiquement appliquée, l'intérêt mutuel fera peu à peu, je l'espère, disparaître les antipathies.

Je vais examiner brièvement ce qu'on a fait et ce qui est à faire.

La population de l'Algérie se décompose à peu près de la manière suivante :

Indigènes (1).............	2,580,267
Européens (2)............	192,546
Armée (3)...............	76,000

Ce pays est donc à la fois un royaume arabe, une colonie européenne et un camp français. Il est essentiel de considérer l'Algérie sous ces trois aspects : au point de vue indigène, colonial et militaire.

I.

LES ARABES.

1. Position des Arabes. — Cette nation guerrière, intelligente, mobile sans doute, mais docile à l'autorité, mérite toute

(1)

Arabes des villes..................	87,896	145,793
Population musulmane des campagnes et du territoire civil.............	57,897	
Arabes des tribus......................		2,374,091
Arabes étrangers......................		32,286
Juifs indigènes........................		28,097
Ces chiffres sont très-approximatifs.		2,580,267

(2)

Français..............................	112,229
Étrangers.............................	80,317
	192,546

(3) Situation de l'armée au 8 juin 1865.

notre sollicitude. L'humanité et l'intérêt de notre domination commandent de nous la rendre favorable. Il ne peut entrer dans l'idée de personne d'exterminer les trois millions d'indigènes qui sont en Algérie, ni de les refouler dans le désert, suivant l'exemple des Américains du Nord à l'égard des Indiens : il faut donc vivre avec les Arabes, les façonner à nos lois, les habituer à notre domination, et les convaincre de notre supériorité, non-seulement par nos armes, mais aussi par nos institutions. En exerçant sur eux une justice équitable et rapide, en augmentant leur bien-être, en développant l'éducation et les sentiments de moralité qui élèvent la dignité humaine, nous leur montrerons que le drapeau de la France n'est pas allé en Afrique pour les asservir, mais pour leur apporter les bienfaits de la civilisation. Si les Arabes voient leurs besoins matériels et moraux satisfaits, il sera beaucoup plus facile de les maintenir dans le devoir. Les insurrections, comme les attentats partiels, deviendront moins fréquentes, et la sécurité affermie permettra aux Européens de se livrer sans crainte à leurs travaux. La pacification des Arabes est donc la base indispensable de la colonisation, et chercher les moyens de l'obtenir, c'est favoriser les intérêts européens. La politique ne conseille pas une autre conduite. La France, qui sympathise partout avec les idées de nationalité, ne peut, aux yeux du monde, justifier la dépendance dans laquelle elle est obligée de tenir le peuple arabe, si elle ne l'appelle à une meilleure existence. Lorsque notre manière de régir un peuple vaincu sera, pour les quinze millions d'Arabes répandus dans les autres parties de l'Afrique et en Asie, un objet d'envie ; le jour où notre puissance établie au pied de l'Atlas leur apparaîtra comme une intervention de la Providence pour relever une race déchue; ce jour-là, la gloire de la France retentira depuis Tunis jusqu'à l'Euphrate, et assurera à notre pays cette prépondérance qui ne peut exciter la jalousie de personne, parce qu'elle s'appuie non sur la conquête, mais sur l'amour de l'humanité et du progrès. Une habile politique est le plus puissant véhicule des intérêts commerciaux. Et quelle politique plus habile pour la France que de donner dans ses propres états, aux races mahométanes, si nombreuses en Orient et si solidaires entre elles, malgré les distances, des gages irrécusables de tolérance, de justice et d'égards pour la différence de mœurs, de cultes et de races?

On prétend que la religion est un obstacle permanent à la soumission morale des Arabes, et que, si les Turcs ont pu maintenir le Tell avec 12,000 hommes, c'est que les dominateurs avaient la même croyance que les vaincus. Cette dernière assertion n'est point tout à fait exacte. Les Turcs sont *anefi*, les Arabes *maleki*. Le centre religieux des premiers est à Constantinople, celui des seconds au Maroc. Les *Beni Mezab* du sud de l'Algérie forment un rite séparé, non orthodoxe, et les indigènes professent pour eux un profond mépris. Il n'y avait donc pas entre les Arabes et les Turcs de liens religieux très-puissants; une réelle antipathie les divisait, et les beys eurent, comme nous, bien des soulèvements à réprimer.

Je conviens néanmoins que les questions religieuses n'ont pas été sans influence dans les insurrections; mais cette influence aurait pu être combattue avec succès, si l'on avait pris soin de donner aux Arabes toutes les satisfactions matérielles et morales qu'il était possible de leur accorder. Jusqu'en 1861, un premier obstacle s'opposa constamment à la réalisation de cette politique conciliante. L'idée avait prévalu de diriger, du sein de la capitale, des intérêts divers et compliqués qui ne pouvaient être connus et satisfaits que sur place. Ainsi, pendant longtemps, privées d'une direction unique et ferme, les diverses administrations ont agi chacune dans son sens exclusif, sans se préoccuper des vues d'ensemble. Les différentes autorités sont restées à l'état d'antagonisme, et le Gouverneur général n'avait pas les pouvoirs nécessaires pour mettre de l'unité dans l'administration et faire concourir tout le monde au même but.

Lorsqu'un peuple primitif se trouve tout à coup en rapport avec des populations civilisées, il prend facilement les défauts et les vices de ces dernières si, par des mesures sages et énergiques, le gouvernement ne le prémunit pas contre ce danger. Aussi rien de plus naturel que, sur plusieurs points, les Arabes, mis en contact avec la population européenne, aient vu leurs besoins s'augmenter avec moins de moyens d'y pourvoir, et leur bien-être diminuer au lieu de s'accroître (1).

(1) La lettre suivante, écrite par une personne très-versée dans les affaires arabes, donne de précieux renseignements sur l'état de la population indigène :

« Sire,

« J'habite l'Algérie depuis vingt-huit ans, soit comme militaire, soit comme civil. J'ai passé plusieurs années auprès de l'émir Abd-el-Kader; je possède à un certain degré la confiance des Arabes, et j'exerce sur eux une influence incontestable. J'ai beaucoup étudié cette nation, qui fut jadis grande et noble, et qui, bien que dégénérée, conserve encore le souvenir de son ancienne splen-

II. Conduite envers les indigènes. — Les entraînements de la conquête ont amené une grande perturbation dans

deur. Je ne suis chargé d'aucune mission; c'est en mon nom personnel, et comme citoyen français, que je crois remplir un devoir en soumettant à Votre Majesté le résultat de mes observations.

«En 1861 et 1862, j'ai, sur l'ordre de M. le Gouverneur général, et au moyen d'un subside qui m'a été alloué, parcouru une partie du Maroc et les ksours du Sud. Des circonstances fortuites, entièrement indépendantes de ma volonté, ne m'ont pas permis de pénétrer à Figuig; mais je n'en ai pas moins recueilli des renseignements utiles sous le double point de vue politique et commercial.

«Un fait digne de remarque, c'est que chez les populations indigènes la misère augmente en raison de leur rapprochement des grands centres européens. Les tribus sahariennes sont riches et les Arabes du Tell sont ruinés. Dans ce brave *makhzen* d'Oran, si généreux, si dévoué, qui, depuis trente ans, a versé des flots de sang sous le drapeau de la France, on compte à peine dix familles ayant conservé leur patrimoine. Les mauvaises récoltes, l'usure, les frais de justice, telles sont les causes qui ont amené cet état de gêne d'abord, de misère ensuite, chez les plus anciens serviteurs de la France. Ce n'est pas sans éprouver une émotion pénible que je vois les fils des plus braves du makhzen, les descendants des premières familles arabes, réduits à la dernière extrémité, alors que des fortunes scandaleuses, dues à l'usure et à la fraude, se sont édifiées de leurs dépouilles. Il en est de même des Arabes du Tell, et ceux-ci n'auraient pas fait *cause commune avec les insurgés du Sud, si le malaise matériel auquel ils sont en proie n'avait influé sur leur état moral et par suite sur leur état politique.* Il faut, Sire, attribuer la grande insurrection du Sud aux machinations des commerçants marocains en relations suivies avec Gibraltar, qui craignaient une concurrence, impossible de notre part, car, en échange de nos produits, le Sud ne peut nous offrir que des nègres et des dattes; aux dissensions de la famille Ben-Beker, dont l'un des membres, Cheikh Ben-Tayeb, ne suscite des embarras au Gouvernement français que dans l'espoir, toujours déçu, d'obtenir un commandement important. Mais il faut attribuer l'insurrection du Tell à la détresse et à la crainte, crainte qui n'était que trop justifiée par les déclamations insensées de certains publicistes.

«Pendant le cours de mon voyage, j'ai trouvé des extraits des journaux algériens, traduits en arabe, et contenant les accusations les plus violentes contre l'autorité militaire, en même temps que les menaces les plus absurdes

l'ancienne société arabe; l'organisation conforme à ses traditions et à ses mœurs a été détruite sans être remplacée. La

à l'adresse des populations indigènes. Les attaques systématiques d'une certaine partie de la presse, les menaces incessantes de dépossession, sont, avec la misère et l'usure, les principales causes de l'insurrection du Tell.

« Les Arabes aiment l'autorité militaire; il en est de même de la grande majorité des colons. Quelques hommes avides de popularité peuvent représenter à Votre Majesté les populations indigènes comme désirant vivre sous le régime civil : c'est une erreur; les indigènes, à très-peu d'exceptions près, et celles-là sont peu honorables, désirent rester sous le régime militaire, avec lequel ils sont en conformité de mœurs et de goût : l'Arabe, avant tout, est soldat par instinct.

« Votre Majesté a assuré à la population indigène la possession du sol; bientôt chaque Arabe sera propriétaire foncier. Sire, le lendemain du jour où les indigènes seront propriétaires, les neuf dixièmes de la population arabe seront expropriés et leurs biens passeront à leurs avides créanciers. — Je puis affirmer à Votre Majesté que les populations indigènes de la province d'Oran payent en intérêts usuraires aux Juifs prêteurs une somme quadruple de celle qu'ils payent à la France à titre d'impôts. Pour sauvegarder à la fois les intérêts des indigènes et ceux de leurs créanciers, il serait prudent de ne les constituer propriétaires qu'après avoir pris des mesures de nature à les mettre à l'abri des poursuites judiciaires, en consolidant les créances, qui seraient alors productives d'intérêts et remboursables par voie d'amortissement, ainsi que Sa Majesté Napoléon Ier le fit jadis pour les paysans de l'Alsace et de la Lorraine.

« Que Votre Majesté daigne me permettre d'ajouter que, pour améliorer la position matérielle des indigènes, les créations de fermes-modèles, d'écoles arabes-françaises, d'écoles d'arts et métiers et d'institutions de crédit sont les meilleurs moyens de colonisation et de civilisation. Sous le point de vue politique, fractionner les grandes tribus du Sud, augmenter le nombre des bureaux arabes militaires, dont les services sont aussi éminents qu'indispensables et qui forment la base fondamentale de l'administration arabe. Seuls, les bureaux arabes protégent les indigènes, tout en les maintenant dans l'obéissance, et les nombreuses attaques dont ils sont l'objet émanent de certains hommes qui affichent la prétention de représenter seuls les intérêts coloniaux, alors que les indigènes, s'ils leur étaient abandonnés, ne seraient pour eux que des gens taillables et corvéables à merci. Conserver les grands chefs indigènes, qui, tous, jouissent d'une influence réelle qu'ils pourraient mettre demain au

société arabe ne constituait pas, ainsi qu'on l'a prétendu, une féodalité; c'était un peuple divisé en tribus ayant à leur tête des familles dont le temps avait consacré l'influence. On a déconsidéré ces grandes familles et annulé leur importance. On a tenté de dissoudre brusquement la tribu; on a bouleversé l'organisation de la justice musulmane; enfin on a détruit les vieilles coutumes d'une nation qui ne renfermait pas encore les éléments propres à constituer une démocratie viable; de sorte que, sans guides, ce malheureux peuple erre, pour ainsi dire, à l'aventure, ne conservant d'intact que son fanatisme et son ignorance. On a soumis les tribus aux formes tracassières de l'administration; on leur a pris souvent les meilleures terres, et cette dépossession partielle les a placées sous la menace d'un envahissement général. De plus, une grande partie des biens séquestrés a été louée à ces mêmes Arabes, obligés d'affermer le sol qui leur avait appartenu. Le progrès agricole ne pouvait dès lors excuser cette sorte d'expropriation. Des concessions, obtenues par des sociétés françaises et étrangères, offrent le spectacle d'immenses territoires restés incultes depuis bien des années.

L'Arabe, ainsi rebuté, éloigné des parties les plus fertiles de

service de l'insurrection, si le Gouvernement de Votre Majesté ne se les attachait pas; et cependant ces hommes ont aussi été l'objet de bien des attaques.

« Puisse Votre Majesté excuser ma conduite dans ce qu'elle pourrait lui paraître singulière! mais Votre Majesté est venue en Algérie pour tout voir et tout entendre, et je n'ai d'autre but que l'intérêt que m'inspire la population indigène.

« Je suis avec le plus profond respect, etc.

« Oran, 15 mai 1865. »

la plaine, s'est réfugié dans les montagnes. Là, il a rencontré l'administration forestière, qui, s'emparant de vastes étendues de broussailles, où les arbres ne pousseront qu'en y dépensant des sommes considérables, a refusé d'abandonner les pacages à ses troupeaux (1). Sur le territoire même qui était laissé à la population indigène, le service des forêts se mon-

(1) La note suivante, sur le régime forestier, faite pour la province d'Alger, explique quelle doit être la règle de l'Administration.

Bien que le Code forestier n'ait point été régulièrement promulgué en Algérie, il s'y trouve cependant appliqué de fait depuis les premières années de la conquête.

Toutefois, il paraît essentiel, dans un pays où le contrôle de l'État, en pareille matière, constitue une véritable innovation, d'apporter dans l'exécution des réglements forestiers une modération et une prudence propres à concilier les exigences administratives et les intérêts de l'État avec les droits acquis et les usages consacrés par les traditions locales. L'Administration ne peut oublier, en effet, qu'elle se trouve en présence de populations habituées à user avec la plus grande liberté, et même sans aucun esprit de prévoyance, des ressources forestières que présente le sol; ressources que, par son action réparatrice, la puissance exceptionnelle de la végétation a suffi pour conserver. Elle doit, dès lors, tenir largement compte des besoins et même des coutumes de ces populations lors de la prise de possession des cantons qui, en raison de leur nature boisée, sont placés par la loi dans le domaine de l'État; d'autre part, elle doit amener graduellement les indigènes à respecter les réserves forestières comme une richesse précieuse dont ils sont les premiers à profiter, tant au point de vue de la satisfaction permanente de leurs besoins qu'en ce qui touche l'influence bienfaisante de cette végétation sur le régime des eaux et sur les conditions climatériques du pays. Mais on ne peut songer à faire accepter sans hésitations, et surtout sans recourir à l'aide du temps, des théories économiques accueillies avec d'autant plus de méfiance qu'elles doivent apporter des restrictions à l'exercice de droits séculaires et gêner les libres allures d'un peuple jaloux de son indépendance.

Les besoins d'une sage politique et l'intérêt même de notre domination exigent encore que le service forestier n'étende point prématurément son action et qu'il se dépouille de ses formes trop rudes, qui sèment des rancunes et

trait aussi rigoureux que dans la métropole; à une certaine époque (à Mascara, 1857), des permissions spéciales étaient

créent de sérieux obstacles à l'établissement progressif de son autorité. Il est plus profitable de prévenir les délits par les conseils bienveillants et par la persuasion que de les réprimer par les moyens rigoureux.

Il paraît donc opportun d'entrer largement dans cette voie, en empêchant surtout les agents inférieurs de cette administration de déployer un zèle intempestif et dangereux. Le rôle de ces agents modestes, et la plupart dévoués, est considérable; mais il doit être bien compris.

Les règles, tant de fois posées en matière d'administration forestière, en Algérie, sont largement suffisantes et ne présentent aucune lacune qui puisse être invoquée pour excuser des fautes; mais il faut que ces règles soient partout interprétées dans un esprit de bienveillance, de conciliation, d'équité et de tolérance. Ainsi :

Tenir grand compte des coutumes traditionnelles et des nécessités d'existence d'une population pauvre qui, dans certains quartiers, puise ses principaux moyens d'alimentation dans le produit des forêts;

Éclairer cette population sur l'étendue des droits qui lui sont reconnus et l'aider de nos conseils sur l'exercice de ces mêmes droits, qui doivent être bien clairement définis;

Donner à tous les besoins une satisfaction complète, qui prévienne les délits, en les rendant sans profit et sans utilité;

Négliger les infractions légères et réprimer avec modération les délits de quelque importance, mais seulement lorsque les avertissements préalables ont été impuissants;

Éviter avec le plus grand soin les duretés et les menaces, et user avec une extrême réserve des poursuites judiciaires; procéder presque exclusivement par voie de transactions, contrôlées par les autorités administratives locales, au point de vue des antécédents, de la position des inculpés et des circonstances dans lesquelles le délit a été commis;

Enfin, faire pénétrer peu à peu dans les habitudes des indigènes l'observation de nos règlements forestiers, qu'ils comprendront et respecteront insensiblement, avec d'autant moins de résistance que leur éducation aura été moins brusquement tentée et, par cela même, plus sérieusement entreprise.

Quant à la reconnaissance successive et à la soumission au régime forestier des massifs boisés, une circulaire de Son Excellence le Maréchal Gouverneur général, du 25 avril dernier, détermine, d'une manière aussi simple que ra-

exigées pour laisser les tribus couper le bois nécessaire à la fabrication de leurs charrues.

tionnelle, quelle doit être la manière de procéder des commissions chargées de l'application du sénatus-consulte et auxquelles incombe, par suite, le soin de traiter les questions de délimitation qui s'y rattachent.

Ces instructions définissent nettement surtout les intentions de l'autorité supérieure à l'égard des vastes espaces peuplés de broussailles sans valeur et dont le service forestier tend inconsidérément à s'emparer comme faisant partie du sol boisé, au grand détriment de l'agriculture.

La marche à suivre est donc tracée pour l'avenir; mais, en ce qui touche le domaine forestier de l'État, dès à présent régulièrement reconnu, un travail de révision est nécessaire en vue de retrancher, particulièrement en territoire civil, les dépendances forestières impropres, par la nature de leur peuplement, à une véritable régénération, et qui, tout en constituant une cause permanente de délits pour les populations voisines, privent ces mêmes populations de pâturages pour leurs troupeaux et d'espaces improductifs interdits au libre parcours.

Le développement progressif des cultures, en restreignant de plus en plus les terrains de pâture qui existent sur les propriétés privées, aurait pour conséquence de paralyser la production du bétail, qui forme une des principales et des plus essentielles branches de la richesse agricole indigène.

Sur certains points, les effets de ce resserrement au profit du domaine forestier se manifestent visiblement par un malaise qui augmente au fur et à mesure que grandit la colonisation et que se généralise le progrès.

A l'Administration appartient le soin de favoriser ce mouvement expansif de l'agriculture et d'aplanir les obstacles qu'un sentiment de prévoyance exagéré lui oppose pour la sauvegarde d'un intérêt secondaire.

Les communaux des villages doivent donc être agrandis par le prélèvement des parties de forêts couvertes de broussailles, et, sous ce rapport, voici quelle est la situation du département :

L'ensemble des forêts du territoire civil de la province d'Alger soumises au régime forestier embrasse une superficie totale de 13,156 hectares, tant en futaies de diverses essences qu'en taillis simples et taillis sous futaie.

Sur cette étendue, il peut être distrait, sans aucun inconvénient au point de vue forestier, 2,000 hectares environ de broussailles de diverses essences, plus particulièrement propres au parcours, mais dont certaines parties pourraient cependant être livrées au défrichement.

Grâce au sénatus-consulte du 22 avril 1863, l'Arabe est aujourd'hui plus rassuré sur le droit de propriété; cependant il doit craindre que les dispositions de ce sénatus-consulte ne soient pas toujours exécutées dans l'esprit qui les a dictées; il doit se souvenir de la guerre obstinée que lui a faite le Domaine, qui, dans un intérêt mal entendu, revendiquait, sous des prétextes plus ou moins plausibles, un sol habité de père en fils, depuis des siècles, par des indigènes. Pendant longtemps cette administration a été juge et partie, ne répondant aux réclamations que par l'offre illusoire du recours au Conseil d'État. Un rapport officiel (1), choisi entre beaucoup

Quant aux forêts reconnues et soumises actuellement au régime forestier en territoire militaire, pour une superficie totale de 85,188 hectares, un notable prélèvement sera également praticable.

(1) *Rapport du chef du bureau arabe de Mostaganem au commandant de la subdivision.* — J'ai l'honneur de répondre à votre dépêche du 2 avril, n° 173, relative à l'inscription, sur les sommiers du Domaine, du territoire de plusieurs tribus de la subdivision. Cette mesure, qui a atteint les deux tiers de la superficie des terres de culture et de parcours du cercle de Mostaganem, a constitué un fait très-grave, que le commandement local s'était efforcé de prévenir. J'ai retrouvé les traces de ces efforts énergiques et persévérants dans les registres de correspondance de mes prédécesseurs.

Dans une lettre du 13 janvier 1852, n° 47, M. le général de Luzy-Pellissac signalait à M. le Commandant de la province, en les qualifiant sévèrement, les tendances du Domaine à vouloir s'emparer de tout le sol. « Aujourd'hui, disait-il, M. le Vérificateur des Domaines, prétextant que, par spéculation, les indigènes quittent les terres arrosables pour se borner à la culture des territoires des tribus, s'est mis à leur poursuite, et inscrit, par l'intermédiaire de son géomètre, les sekkas qu'ils y cultivent. Je ne sais jusqu'où M. le Vérificateur continuera ses opérations; s'il est conséquent avec lui-même, il devra louer toute la subdivision. » C'est, en effet, le but que se propose désormais cet agent. Avec l'assistance d'un géomètre et sur les seules indications de ses soi-disant révélateurs arabes, il lève, inscrit et loue. Le Commandant de la sub-

d'autres, prouvera l'acharnement que mettaient les agents du Domaine à enlever aux Arabes leurs propriétés et à éluder

division proteste contre cette singulière manière de procéder. Dans sa lettre du 27 mai 1853, il en rend compte en ces termes :

« On s'est contenté de courir sus aux Arabes labourant dans les plaines, de leur demander leurs noms, et de les porter tels qu'ils les donnaient sur les états de locations. » Et, un peu plus loin, il ajoute : « Ces états ont été établis dans un but purement fiscal : celui de faire ressortir, à tout prix, un gros chiffre de locations, mais sans qu'on se soit inquiété aucunement des principes généraux et des instructions que renferme votre dépêche du 7 octobre 1852. »

Je crois utile, afin de vous éviter des recherches, de vous communiquer cette dépêche, à laquelle le service du Domaine, qui l'a acceptée un instant, ne tarda pas à se soustraire. Voici, en effet, ce qu'on lit dans une lettre du Commandant de la subdivision, en date du 20 août : « En vertu des instructions que vous m'avez notifiées le 7 octobre 1852, M. le Chef du bureau arabe et M. le Vérificateur, après s'être entendus, convinrent de constituer immédiatement en réserves domaniales toutes les terres arrosables de l'Habra, de l'Hilil et de la Mina. Il m'a été rendu compte de ces conventions, auxquelles j'ai donné mon approbation. Plus tard, M. le Vérificateur des Domaines écrivit à M. le Capitaine Arnandau la lettre dont je joins ici copie, dans laquelle il déclare renoncer aux conventions établies. Je vous ai informé de cette façon si singulière d'agir de M. le Vérificateur, et j'espérais qu'il serait immédiatement fait justice de ses prétentions. Aujourd'hui il poursuit ses mêmes errements et veut se transporter sur les lieux, pour arranger les obstacles qui se présenteraient à la perception, à l'aide du concours des kaïds. Il me semble difficile d'admettre que M. le Vérificateur perçoive des prix de locations que lui seul a jugé convenable de faire, contrairement à toutes conventions acceptées précédemment par lui, et qu'il se pose en arbitre absolu de toutes les contestations.

« Je le répète, mon Général, plusieurs tribus sont comprises sur les états de locations et n'ont pas d'autres terres de labour que celles que le Domaine leur a louées. Cette position exceptionnelle faite à ces tribus est souverainement injuste. Il ne leur reste plus qu'à déserter leur territoire pour aller se mêler à d'autres populations..... Je prends la liberté de recommander très-vivement cette question à votre sollicitude. Je verrais avec le plus grand regret des tribus entières injustement victimes d'une étourderie de M. le Vérificateur des Domaines. »

les intentions du Gouvernement et les ordres du Gouverneur général. Aujourd'hui que toutes les administrations, excepté

Malheureusement cette étourderie, pour ne pas dire plus, devait avoir ses résultats. Les protestations du Commandant de la subdivision ne firent qu'imposer un temps d'arrêt aux menées fiscales du Domaine. Les locations qu'avait consenties M. le Vérificateur, dans les conditions si étranges dont il a été parlé plus haut, furent mises à néant, sur la proposition du Commandant de la province, par décision de M. le Gouverneur général. L'autorité locale porta cette décision à la connaissance de M. le Vérificateur, en lui écrivant, à la date du 30 octobre 1853 : « M. le Gouverneur général a mis à néant les locations que vous aviez faites, non pas comme vous le dites, après les avoir débattues contradictoirement avec les intéressés, mais de votre autorité privée, après avoir pris simplement les noms des indigènes qui cultivaient dans les plaines de l'Habra, de l'Hilil et de la Mina, sans consulter le Bureau arabe, et sans même vous être informé si ces indigènes cultivaient dans des propriétés privées ou dans des terres *beylick*. »

Je bornerai là mes citations : celles que je pourrais encore faire n'ajouteraient aucun intérêt nouveau à la question. J'ai, du reste, prouvé surabondamment ce que j'avais en vue : à savoir, que le commandement local a constamment protesté contre les envahissements du Domaine et la légèreté avec laquelle ce service a traité ce qui, après la religion, était le plus grave, le plus solennel, le plus délicat en pays arabe : la propriété. — La liste des fautes et des erreurs qu'il a commises, en se soustrayant subtilement aux instructions qui régissaient la matière, serait longue à établir. Beaucoup de biens *melk*, reconnus tels par des titres authentiques, n'ont pas été à l'abri du fisc. Les indigènes détenteurs de ces actes, après avoir vainement cherché à les faire admettre, les ont livrés, de guerre lasse et à vil prix, à des agioteurs européens, devant lesquels le Domaine, si impitoyable envers les Arabes, faisait fléchir ses prétentions. Il cédait le lendemain les terrains dont il refusait de se dessaisir la veille, parce que les nouveaux venus, plus familiers que les Arabes avec nos lois, le menaçaient de poursuites judiciaires qu'il jugeait prudent d'éviter. Qu'est-il résulté d'un semblable état de choses? Ce spectacle scandaleux d'indigènes dépossédés, pour quelques écus, du patrimoine de leurs pères, au profit d'un certain nombre d'Européens qui, habiles à exploiter les circonstances et l'inexpérience des vaincus (le terme était à la mode à l'époque), ont réalisé des fortunes : j'en connais à Mostaganem même. Pouvait-on s'attendre à ce que le Domaine, qui se montrait si peu soucieux de la propriété

la justice, sont soumises d'une manière absolue à l'autorité du Gouverneur général, ces excès de zèle, s'ils viennent à se reproduire, pourront être réprimés.

particulière des indigènes, respectât les territoires collectifs? Évidemment non. — Les anciennes tribus *makhzen* du cercle de Mostaganem, en raison de leur situation topographique, excitèrent sa convoitise, et de là à l'inscription de la totalité de leur territoire sur ses sommiers il lui parut qu'il n'y avait qu'un pas. Pour atteindre ce but, il avança que, sous la domination précédente, lesdites tribus n'étaient que locataires des terres qu'elles détenaient, lorsqu'il était parfaitement prouvé, au contraire, qu'elles n'avaient jamais été soumises par les Turcs, en récompense du service militaire qu'elles faisaient, au payement d'une redevance territoriale quelconque. Mais le Domaine en avait jugé autrement; il poursuivit son idée, et, en 1853, on le vit louer de lui-même, à l'insu de l'autorité locale, qui le contrariait dans ses projets, des territoires entiers de tribus. Ces locations suscitèrent de vives et nombreuses réclamations, et elles furent annulées, en même temps que bien d'autres, par la décision déjà précitée de M. le Gouverneur général. Cette décision, qui portait la date du 18 octobre 1853, n° 3460, est assez instructive pour que je croie devoir en reproduire les termes.

«Considérant : 1° que le Domaine a procédé aux locations dont il s'agit sans la participation et l'assistance du Bureau arabe; 2° que la plupart des noms des indigènes inscrits sur les états de locations sont défigurés, et considérant qu'il serait très-difficile de retrouver les individus auxquels ils s'appliquent; 3° qu'une partie des terres mises en location par l'agent des Domaines *avaient été, de tout temps, occupées par les Arabes à titre de sebga*; il y a lieu de considérer comme nuls et non avenus le travail préparé par le Domaine et l'approbation donnée primitivement à ces locations.»

Cette décision nette et précise donnait raison à l'autorité locale, condamnait le service des Domaines, et, ce qui est plus caractéristique encore, elle reconnaissait *sebga* les territoires appréhendés. On crut dès lors que ces territoires resteraient aux occupants, libres, comme par le passé, de toute redevance. Mais le Domaine n'abandonna pas son œuvre; il la continua avec un nouvel acharnement, et il finit par obtenir, au mois d'octobre 1855, la consignation sur ses sommiers des terres qu'il convoitait depuis trois ans. Si ses arguments, après avoir été rejetés en 1853, furent accueillis à cette époque, je ne puis l'attribuer qu'aux déplorables idées qui avaient cours sur la pro-

Une grande erreur a été d'appliquer à l'Algérie des lois faites uniquement pour les pays comme la France, où la culture est avancée, la propriété définie, la population nom-

priété arabe. N'allait-on pas jusqu'à prétendre que cette propriété n'existait pas, et qu'il était loisible au Gouvernement de disposer, comme il l'entendait, du sol arabe? Et cette étrange théorie se produisait presque au lendemain d'une loi qui la condamnait hautement *.

Je me résume en disant que, à aucune époque, le commandement local n'a perçu, ni songé à percevoir un droit de location sur les tribus dont les territoires ont été inscrits sur les sommiers de consistance. C'est le Domaine seul, et non l'autorité politique, qui a fait naître la question et a provoqué la solution que nous lui connaissons. Après s'être efforcés de prévenir celle-ci, mes prédécesseurs, comme moi-même, n'ont cessé d'appeler l'attention sur une position fâcheuse faite à des tribus qui, au point de vue du droit et des services qu'elles nous avaient rendus, méritaient un meilleur sort.

J'ai eu l'honneur de vous faire connaître toute ma pensée à ce sujet à l'occasion des opérations entreprises en 1863 et 1864 chez les Bordjia et les Abid Chéraga. Je n'ai rien à changer dans mes conclusions. Je pense toujours qu'il faut se hâter de restituer aux anciennes tribus makhzen du cercle de Mostaganem les terres qui ont été inscrites indûment sur les sommiers de consistance; ces terres sont à peine suffisantes à leurs besoins, et, quoi qu'on dise, quoi qu'on fasse, on ne pourra se dispenser de les leur abandonner un jour. Que ce jour soit aussi rapproché que possible, car la situation actuelle est des plus sérieuses; elle excite un mécontentement profond parmi les tribus intéressées et jette la méfiance parmi les autres. *Nous ne saurions la maintenir*

* En 1853 et 1855, j'étais Directeur des affaires arabes de la province; je me rappelle parfaitement les tendances du Domaine, les interprétations erronées et spoliatrices qui avaient cours sur la loi du 16 juin 1851 (promulguée pourtant dans un tout autre but). Je me rappelle encore la résistance, non-seulement du commandement subdivisionnaire, mais encore celle de l'autorité provinciale. Ce ne sont donc ni le commandement ni l'autorité politique qui ont soulevé ces questions de propriété dont la lettre de l'Empereur et le sénatus-consulte ont fait enfin justice. Si, fatiguée par la lutte et sous l'influence des interprétations erronées qui avaient cours alors dans la colonie, l'Administration centrale a acquiescé un moment aux exigences du Domaine, il convient, selon nous, de réparer certains faits qui, ajoutés à la lèpre de l'usure et aux tentatives de démoralisation du peuple arabe, sont, à mon avis, les principales causes du mécontentement des populations et de la triste situation actuelle.

breuse. La loi sur la chasse, par exemple, a donné lieu à bien des vexations sans véritable utilité (1).

III. Terres azels. — Non-seulement la libre possession des biens dont les Arabes ont eu la jouissance leur a été disputée pied à pied, mais l'amodiation même de ces propriétés, incorporées au Domaine, est devenue pour eux une cause de ruine.

Les terres *azels*, c'est-à-dire les territoires appartenant à l'État, mais occupés, depuis un temps immémorial, par les

sans léser la justice, sans faire perdre aux populations le peu d'espoir qu'elles ont encore dans les promesses qui leur ont été solennellement faites, de leur garantir la propriété du sol qu'elles occupent depuis un temps immémorial.

Le passé ne prouve que trop qu'on ne s'est servi de la loi de 1851 que pour en torturer les termes et l'esprit. Il y aurait un véritable danger à ce qu'il en fût de même à l'égard du sénatus-consulte du 22 avril 1863. La théorie des faits accomplis ne peut, qu'avec certaines restrictions, être opposée à l'exécution de cet acte public. *En agissant ainsi, on consacrerait une fois de plus de grandes injustices qui, sans profit pour la colonisation, ont beaucoup contribué à amener cette désaffection générale de notre cause que nous avons à constater dans le pays.*

Si, ainsi que le rapportent les journaux, le Gouverneur général, dans une récente tournée dans le Sahel, a eu à déplorer le triste lot fait aux indigènes de cette région dans la répartition du sol, Son Excellence serait peut-être plus péniblement affectée encore si, venant dans la subdivision de Mostaganem, son attention se portait sur la fâcheuse situation territoriale dans laquelle se trouvent plusieurs tribus dont le seul tort a été de servir fidèlement dans nos rangs depuis l'époque de leur soumission.

Je suis, etc.....

(1) En 1852, dans la province d'Oran, un jour de fête musulmane, tout un douar se met, sur son propre territoire et dans les broussailles, à chasser, sans permis, le lièvre au bâton : trois lièvres sont tués. Des poursuites ont lieu, et cinquante-trois Arabes sont condamnés chacun à 50 francs d'amende, soit, pour tous : 2.650 francs, plus 158 francs de frais. Le douar fut ruiné.

indigènes groupés en tribus ou en douars, leur sont louées par forme d'adjudication publique. Comme leur seul moyen d'existence est de vivre sur ces terres, ils renchérissent inconsidérément et avec un tel excès, que des terrains affermés, il y a quelques années, 3,000 francs, sont montés, près de Constantine, jusqu'à 15,000. Une *djebda* (environ dix hectares) louée, il y a dix ans, 60 et 75 francs à peine, s'afferme aujourd'hui jusqu'à 250 et 300 francs.

Accablés par des adjudications aussi onéreuses, auxquelles vient s'ajouter la charge de l'impôt arabe, les fermiers, pour faire honneur à leurs obligations et pour tirer du sol leur subsistance, l'entretiennent dans une activité de production incessante et l'épuisent. Cette situation réclame un prompt remède.

IV. L'impôt. — L'impôt arabe, en général, présente ce double inconvénient d'excéder les forces contributives de la population et d'atteindre le principe même du développement agricole. L'assiette de cet impôt est défectueuse. Il porte, en effet, sur les terres cultivées (1), sur les bestiaux, sur les arbres fruitiers (2).

En territoire militaire, si l'impôt est lourd, il n'est pas

(1) Il se compte par *charrue*, soit l'étendue de terre labourée en un jour, c'est-à-dire environ dix hectares.

(2) En 1864, il a été payé par tête de bœuf ou de vache 3 fr. 55, centimes additionnels compris, par chameau 4 francs et 4 fr. 75, centimes additionnels compris. Ce chiffre est trop élevé. Une diminution sensible s'est fait remarquer dans le chiffre du gros bétail en 1864.

La misère des populations y est pour quelque chose, les producteurs, malgré

vexatoire : il est nettement déterminé, et l'Arabe sait qu'il doit tant pour le Gouvernement, tant pour les centimes additionnels consacrés à l'amélioration de la tribu : il se libère en une fois. En territoire civil, les choses se passent autrement :

les bas prix du cours, ont dû se défaire de leur bétail; mais l'élévation de l'impôt y entre aussi pour beaucoup.

Le propriétaire d'un troupeau de gros bétail composé de quarante-deux têtes, par exemple, au moment où se collecte l'impôt, aura à payer 147 francs. Son troupeau se compose, par tiers, de veaux, de vaches et de bœufs.

Les veaux valent en moyenne	17f 50c
Les vaches	50 00
Les bœufs	75 00

La valeur totale du troupeau sera donc de 1,995 francs, et l'impôt presque du dixième de la valeur totale, tandis qu'il ne devrait être que du dixième du produit, c'est-à-dire d'environ 42 francs, en évaluant à 10 francs en moyenne le produit par an de chaque tête de gros bétail, chiffre déjà assez élevé.

Les Ségnia, comme toutes les tribus de la division de Constantine, ne payaient avant 1858 que l'impôt *hokor* et *achour*, fixé à 55 francs par charrue : les rôles de 1845 n'ont pu être retrouvés.

En 1855, les Ségnia comptaient 1,085 charrues et payaient 59,675 fr.

Soit par tête	4f 31c	(centimes additionnels compris).
par feu	25 43	(*idem.*)

En 1858, on établit le *zekkat* au tarif suivant :

Chameau	3f 54c	(centimes additionnels compris).
Bœuf	2 36	(*idem.*)
Mouton	0 11	(*idem.*)
Chèvre	0 055	(*idem.*)

L'achour et le hokor furent réduits à 45 francs par charrue. En 1864, le tarif du zekkat fut fixé ainsi qu'il suit :

Chameau	4f 72c	(centimes additionnels compris).
Bœuf	3 54	(*idem.*)
Mouton	0 51	(*idem.*)
Chèvre	0 22	(*idem.*)

on vient à plusieurs reprises demander aux indigènes de verser le montant des diverses taxes municipales, et on les fatigue ainsi par des réclamations trop souvent répétées.

Ici, une véritable manœuvre fiscale mérite d'être relevée. Lorsque des centres européens se sont formés, on a trouvé utile d'annexer au territoire civil des tribus arabes, et cela dans un but facile à concevoir. L'Arabe adjoint à une commune européenne est astreint à payer, en dehors de l'impôt général, les impôts communaux, ressource précieuse pour les agglomérations urbaines, mais qui sont pour lui une lourde charge, puisqu'il n'en tire que peu de profit (1). On avait ainsi mé-

Le zekkat et l'achour compris produisirent :

Par tête.............	8^{f} 74^{c}	(centimes additionnels compris).
Par feu.............	43 66	(*idem.*)

Dans toute la subdivision la moyenne de l'impôt s'est élevée, en 1864, à :

Par tête.............	7^{f} 20^{c}	(centimes additionnels compris).
Par feu.............	35 99	(*idem.*)

Sont exemptés de l'impôt les animaux nés depuis le 1er janvier de l'année.

Les tribus du cercle de Bougie, limitrophes de celui de Djidjelli ne payent que la *lesma*, impôt unique que se répartissent les *djemmaas*, suivant les usages locaux.

Cet impôt, entièrement conforme aux mœurs kabyles, n'exige pas les recensements annuels, si pénibles aux populations.

La lesma se payait, avant 1858, dans le cercle de Djidjelli; elle a été supprimée par le général Gastu et remplacée par les impôts hokor, achour et zekkat. C'est pour ne pas diminuer la part que les Conseils généraux prélèvent sur l'impôt arabe (les $\frac{5}{10}$) qu'on a maintenu des chiffres exagérés pour le zekkat aussi bien que pour l'achour.

(1) On lit dans une brochure de M. Georges Voisin le passage suivant :

« De l'aveu du préfet (M. Levert, session du Conseil général d'Alger, 1860), les populations arabes, kabyles et sahariennes fournissent l'impôt, et la population européenne le consomme. Dans la province d'Alger l'Européen est entre-

connu l'article 16 du décret du 16 décembre 1848, qui porte : « Les tribus ou fractions de tribus arabes, vivant sous la tente dans les territoires civils, restent soumises à la juridiction et à l'administration militaire. »

v. L'usure et la tribu. — Les Arabes, voyant leur fortune diminuer par la perte de leurs terres et par l'accumulation des impôts, ont recours aux emprunts, ce qui amène bientôt leur ruine complète; car, faute de sociétés de crédit, les emprunts, chez eux, se font à des taux exorbitants (1).

tenu par l'Arabe à raison de 50 francs par tête; à Oran, à raison de 28 francs; à Alger l'Européen ne reçoit que 18 francs. De là des plaintes amères contre le peu d'équité de cette répartition. Comment un Conseil général nommé par l'Administration, ne pouvant disposer que des fonds de subvention donnés par l'État, ne voulant pas payer d'impôts, peut-il compter pour une institution sérieuse? Comment serait-il autre chose qu'un instrument dont l'Administration peut faire usage beaucoup plus pour imposer ses idées et ses projets que pour connaître la véritable opinion publique? »

(1) Voici comment on procède. Un indigène a besoin de 5,000 francs, par exemple. Il trouve, *s'il offre des garanties par lui-même et les siens*, à les emprunter pour six mois (durée moyenne des échéances). Mais, avant de recevoir cette somme, il est obligé de se rendre auprès d'un notaire pour certifier qu'il reconnaît avoir touché 7,400 francs en pièces *sonnantes et ayant cours*. Les 2,400 francs qu'il prend de plus à sa charge représentent l'intérêt de l'argent réellement reçu, à raison de 0 fr. 50 cent. pour 5 francs, par mois (taux moyen gravé dans la mémoire des indigènes), soit à 96 p. 0/0 par an. Mais ce n'est pas tout; le malheureux Arabe qui a contracté à des conditions aussi lourdes ne peut s'acquitter à l'époque convenue. Une citation lui parvient, et il accourt pour chercher à éviter des poursuites. On entre alors dans la période des atermoiements. Si le débiteur a des ressources, son créancier consent à attendre, non sans s'être fait donner préalablement, de la main à la main, en dehors de toute convention écrite, ou 150, ou 200 ou 300 francs, suivant l'importance de la dette. Le nouveau délai expire, et l'indigène imprévoyant n'est point encore en mesure de se libérer. Il lui faut,

Les emprunts usuraires sont un des plus grands fléaux qui pèsent sur les indigènes; ils menacent de détruire le bienfait du sénatus-consulte qui leur a ouvert un si large accès à la propriété. Il est à craindre, en effet, que, lorsqu'ils

comme la première fois, calmer son créancier, toujours à l'aide de versements qu'il effectue en pure perte, car ils ne servent qu'à modérer des impatiences et nullement à éteindre la créance. Enfin, arrive le moment de l'épuisement. L'Arabe, qui ordinairement a payé plus qu'il n'a reçu, est sans argent, il n'a plus de crédit et ne possède que des bestiaux et quelques quintaux de grains ou de laine. L'usurier redouble de menaces à son égard et l'amène à lui livrer, à 20 ou 30 p. 0/0 de rabais sur le prix courant des marchés, les produits dont il dispose encore. Si la valeur de ces produits suffit, l'indigène est dégagé de ses obligations, mais il est complétement ruiné; ou bien, si elle est insuffisante, et c'est le cas général, un jugement intervient contre l'Arabe; l'usurier fait saisir jusqu'à sa dernière chèvre, sa dernière natte, et prend assurance sur ses biens futurs.

L'exposé qui précède s'applique plus particulièrement aux prêts individuels. En dehors de ces prêts, il y en a d'autres collectifs, dont le taux d'intérêt est encore plus élevé. En voici des exemples :

Au mois de novembre 1861, deux douars de la tribu des Djebala (aghalik de Mostaganem), atteints par plusieurs mauvaises années consécutives, n'avaient pas de grains de semence; les principaux membres de ces douars, leur caïd en tête, eurent recours à un israélite de Mostaganem. Celui-ci consentit à leur livrer de l'orge au prix exorbitant de 36 francs le quintal. Cette somme devait être restituée à la récolte suivante, non en argent, mais en nature, au prix courant des marchés. Or, au mois d'août 1862, l'orge valait 7 francs le quintal, et les gens des Djebala durent rendre près de six quintaux pour un; c'est-à-dire qu'ils avaient emprunté à 600 p. 0/0. La pièce constatant cette convention, usuraire s'il en fut, est passée sous les yeux du chef du bureau arabe en décembre 1862; elle avait été rendue au caïd zouaoui des Djebala, qui en était le détenteur, et, quand on l'a fait réclamer, pour la joindre au rapport adressé au chef de la subdivision, on n'a pu la retrouver.

Des transactions aussi scandaleuses produisent des effets désastreux. Elles ne sont pas l'œuvre exclusive des israélites indigènes; quelques Européens y ont pris part, sans cesser pour cela de parler de rapprochement et de fusion.

seront tous propriétaires fonciers, une grande partie d'entre eux ne soient expropriés et que la totalité de leurs biens ne passe à leurs avides créanciers.

Les Arabes, ainsi qu'on est porté à le croire, n'ont pas vécu jusqu'ici dans cette espèce de communauté territoriale qui est la loi des peuples de l'Orient; ils ont une notion assez exacte du droit individuel et de la propriété (1). Aussi le sénatus-consulte du 22 avril 1863 a eu pour objet, moins de faire, dans leurs habitudes et dans leur état social, une révolution profonde, en constituant tout à coup chez eux la propriété individuelle, que de leur assurer un vaste domaine, séparé de celui de l'État, nettement défini et à l'abri de toute contestation. Toutefois, quoique le partage de ce domaine entre les individus ait été sans doute dans la prévision du sénatus-consulte, il faut reconnaître qu'il serait imprudent de réaliser ce partage brusquement et sans précautions. Nous avons le plus grand intérêt à ne pas désorganiser les tribus, à ne pas pulvériser en quelque sorte la société musulmane, à ne point nous trouver tout à coup en présence de trois millions d'hommes sans liens civils et sans responsabilité. Il y a donc opportunité à concéder les titres de propriété individuelle, avec prudence et progressivement, sans léser la constitution de la tribu. Ce n'est pas tout : là où cette propriété aura été créée, des précautions devront être prises pour qu'elle n'échappe pas aussitôt aux propriétaires et n'aille pas aux usuriers. Les Arabes ne seront que trop disposés à s'en dessaisir.

(1) Dans les plaines fertiles, ce droit, souvent indivis dans une même famille, est largement appliqué.

VI. JUSTICE. — Le tableau des mesures qui blessent les indigènes serait incomplet si on n'y ajoutait les abus d'une administration paperassière, les actes judiciaires, les procès-verbaux, les protêts, tout cet attirail dont l'huissier est l'agent principal et qui fonctionne avec une grande activité en Afrique.

Quant à la justice, on a chargé les tribunaux français de connaître, en appel et en dernier ressort, des questions qui sont, chez les Arabes, du pur domaine de la religion, telles que les mariages, le divorce, les successions et autres matières réglées directement par le Coran. Les formes leur répugnent autant que le fond. Ils sont la proie d'agents d'affaires qui profitent de leur ignorance de la procédure pour les engager dans des frais considérables; et, d'ailleurs, comme il n'y a qu'une cour d'appel, à Alger, les habitants des provinces de Constantine ou d'Oran qui plaident devant cette cour sont tenus souvent de parcourir plus de cent cinquante lieues pour aller soutenir leurs procès. L'expérience a prouvé aussi que le système de l'article 30 du décret de 1859, qui règle le délai d'appel des jugements prononcés par les cadis en le faisant courir du jour où le jugement a été rendu, donne lieu aux plus graves inconvénients. Il arrive, en effet, très-souvent, que les parties intéressées, ignorant les décisions judiciaires intervenues contre elles, laissent expirer le délai d'appel et sont frappées de déchéance. Il importe de disposer qu'à l'avenir les délais partiront du jour où les décisions auront été notifiées.

Plusieurs jurisconsultes, je le sais, sont opposés aux modifications qui auraient pour but de rendre aux tribunaux musulmans la connaissance de certaines questions litigieuses, mais il m'est démontré que l'on vit en France dans une véritable ignorance des choses arabes. Lorsqu'on émit l'idée de faire un départ d'attributions entre la justice française et la justice musulmane, les partisans du *statu quo* se récrièrent, affirmant que l'état actuel de la législation laissait aux indigènes le choix entre les deux juridictions, qu'ils pouvaient en appel se pourvoir, à leur gré, soit devant la Cour impériale, soit devant les *medjlès* maintenus par un décret de 1859. D'après les documents officiels, les indigènes aimaient mieux s'adresser à nos tribunaux. Il était, disait-on, souverainement impolitique d'enlever aux Arabes cette faculté d'option. J'ai voulu approfondir le fait, et quel a été mon étonnement d'apprendre que les medjlès n'existaient que sur le papier, que nulle part ils n'avaient été établis, et qu'ainsi la préférence des Arabes pour la justice française n'était qu'une fausse allégation!

Les frais de justice pèsent lourdement sur les Arabes, et l'application qui leur est faite des règles si rigoureuses de notre procédure civile achève quelquefois de les ruiner. Plusieurs de ceux qui, restés fidèles, marchaient avec nous contre l'insurrection, ont été, pendant la dernière campagne, l'objet des plus actives poursuites de la part des usuriers, devant les tribunaux de commerce. Il a été rendu contre eux plus de deux cents jugements par défaut, devenus définitifs par suite de l'expiration des délais d'opposition et d'appel. Des cavaliers blessés n'ont pas retrouvé, en rentrant sous leur tente, un seul grain d'orge. La saisie avait tout enlevé. Les femmes et les enfants se nourrissaient de racines, tandis que le mari, le père, avait quitté sa famille pour verser son sang sous notre drapeau. Il me paraîtrait indispensable de rendre la loi moins rigoureuse.

MESURES PROPOSÉES.

1. Déclarer que les Arabes sont Français, puisque l'Algérie est territoire français, mais qu'ils continueront d'être régis par leur statut civil, conformément à la loi musulmane; que, cependant, les Arabes qui voudront être admis au bénéfice de la loi civile française seront, sur leur demande, sans conditions de stage, investis des droits de citoyens français.

2. Proclamer l'admissibilité des Arabes à tous les emplois militaires de l'Empire et à tous les emplois civils en Algérie.

3. Exécuter loyalement le sénatus-consulte en respectant les droits acquis des Arabes.

4. Dans les tribus qui n'ont cédé aucune partie de leur territoire aux Européens, la commission chargée d'appliquer le sénatus-consulte ne devra admettre les droits du Domaine que sur les portions du territoire reconnues par la tribu elle-même comme appartenant à l'État à un titre quelconque, c'est-à-dire comme terres de *beylick*, biens *habbous*, ou immeubles provenant des successions vacantes.

Dans les tribus dont une portion de territoire a été livrée à la colonisation à un titre autre que ceux ci-dessus indiqués, on devra chercher à rendre aux tribus, s'il est possible, une quantité de terre équivalente à celle qui leur a été enlevée, et, dans tous les cas, suffisante pour leurs besoins.

Dans les tribus établies sur le territoire *azel*, on devra distinguer entre les tentes qui l'occupent à titre définitif depuis un temps immémorial, et celles qui ne l'occupent qu'à titre provisoire, depuis le temps, par exemple, que ces terres ont été louées à leur chef, étranger à l'*azel*.

Les premières devront être considérées comme propriétaires des terres cultivées par elles, et, s'il est reconnu que ces terres ne sont pas suffisantes, il devra leur être concédé, sur l'*azel*, des lots assez considérables pour leur permettre de vivre dans de bonnes conditions.

Quant aux tentes étrangères à l'*azel*, la commission nommée *ad hoc* devra constater à quelles tribus elles appartiennent et les renvoyer à ces tribus, si celles-ci peuvent les recevoir. Si, au contraire, les tribus n'ont pas assez de terres pour recevoir ces tentes, la commission devra donner à ces dernières, sur l'*azel*, les terrains qui leur sont nécessaires.

5. Disposer que la propriété personnelle, lorsqu'elle sera créée en exécution du sénatus-consulte du 22 avril 1863, sera insaisissable aux créanciers, pour les dettes antérieures à la constitution de la propriété.

6. Comme à la fin de l'année prochaine presque tous les territoires *azels* auront été soumis à l'application du sénatus-consulte, dégréver en attendant, d'une partie de l'impôt, les douars qui ont affermé des *azels* anciennement cultivés par eux.

7. Déclarer que l'expropriation pour cause d'utilité pu-

blique ne pourra être faite qu'en vertu d'un décret de l'Empereur, ainsi que cela se pratique en France.

8. Établir des registres de l'état civil aussitôt que les douars auront été constitués en communes et que les *djemmaas* seront organisées.

9. D'après le décret du 7 avril 1865, toutes les tribus organisées ont été replacées en territoire militaire, à l'exception d'une fraction de la tribu des Gharabas; il serait désirable de faire disparaître cette exception.

10. Restreindre les réserves forestières; les reviser de manière que les Arabes ne soient pas privés du seul moyen qu'ils aient de faire paître leurs troupeaux.

11. Faire un partage d'attributions et de compétence entre les juridictions françaises et les juridictions musulmanes, de telle sorte que ces dernières ne connaissent que des affaires ressortissant de la loi religieuse, et que les autres procès soient déférés aux tribunaux français. Pour l'étude de cette grave question, former une commission où seront appelés des tolbas et légistes musulmans.

Déclarer que le délai d'appel fixé par l'article 30 du décret de 1859 devra partir du jour de la notification du jugement prononcé par le cadi.

Les concussions des *adouls* sont un des maux de la justice arabe. Afin d'y mettre un terme, peut-être y aurait-il lieu d'assigner à ces officiers ministériels un traitement fixe en ne leur accordant des vacations que pour les transports. Le coût des actes serait versé au Domaine, ce qui compenserait et au delà le nouveau sacrifice imposé au Trésor.

Suspendre pendant la guerre tous les délais de la procédure civile à l'égard des Arabes qui combattent sous nos drapeaux.

L'assistance judiciaire pour les Arabes indigents existe, mais ils n'en profitent pas. Leur faire comprendre les bienfaits de l'institution.

12. Organiser un consistoire musulman par province, et nommer un Conseil de fabrique pour chaque mosquée de première classe. Le consistoire musulman remplirait pour le culte le même office que les consistoires protestant et israélite. Il serait, en outre, consulté sur les œuvres de bienfaisance et d'assistance publique intéressant les musulmans. Instituer également une commission, composée des mêmes éléments que la première, avec adjonction de quelques personnages religieux, et lui demander son avis sur le projet d'organisation des consistoires.

Entourer de quelque solennité officielle la célébration des grandes fêtes musulmanes.

13. Établir un *medjlès* par subdivision; en même temps étendre les ressorts des cadis; apporter une plus grande surveillance dans le choix de ces magistrats; régler l'admission et l'avancement dans la magistrature indigène.

14. Désigner un tribunal de première instance par province, auquel sera dévolu exceptionnellement le droit de prononcer souverainement sur les appels dans les affaires qui ne

présenteront pas le caractère religieux défini plus haut, jusqu'à concurrence de 10,000 francs au moins, en attendant que chaque province puisse être dotée d'une cour impériale.

15. Les *zaouïa* sont en général des écoles, des réunions de tolbas ou de gens prenant ce titre, qui se groupent autour d'une mosquée, vivant d'aumônes, des revenus des biens appartenant à l'établissement, des redevances que payent certaines tribus. Afin d'éviter les écarts possibles des directeurs de zaouïa, former dans chaque zaouïa une sorte de conseil d'administration sur lequel on essayerait d'agir pour donner à l'enseignement une bonne direction.

16. Ne déférer aux conseils de guerre que la connaissance des faits réputés crimes; attribuer aux commissions disciplinaires, établies dans chaque cercle, le jugement des délits. Aujourd'hui des délits commis à Tugurt, c'est-à-dire dans le désert, sont jugés à Constantine, et l'on oblige ainsi les inculpés et les témoins à un voyage de près de 400 lieues pour aller et revenir.

17. Constituer, le plus vite possible et sans attendre les opérations prescrites en exécution du sénatus-consulte, la *djemmaa* des tribus, conseil municipal non électif qui surveillera et contiendra le chef indigène, en l'assistant dans toutes les affaires intéressant la commune.

18. Autoriser les *douars* constitués à contracter des emprunts, en offrant leurs communaux comme gage, jusqu'à ce que leurs ressources budgétaires soient régularisées.

19. Prendre en territoire militaire, pour l'assiette de l'impôt, la moyenne des contributions pendant les dix dernières années, en dégager un impôt unique, invariable pour dix ans, le répartir par tribu et par fraction de tribu bien délimitée (1), et le faire percevoir par les *djemmaas*.

20. Dans le territoire civil, convertir en un impôt unique, et fixé une fois pour toutes, les diverses contributions dues à la commune par l'Arabe admis dans un centre européen.

21. En territoire civil, élever le nombre des membres musulmans des Conseils municipaux en proportion de la population.

Nommer un adjoint indigène dans les communes où les indigènes sont en nombre suffisant.

22. Augmenter le nombre des membres indigènes pour les Conseils des Monts-de-piété, des Caisses d'épargne, des prisons, de l'Académie, etc.

Choisir ces membres de préférence parmi les notables n'occupant pas d'emplois salariés, afin d'augmenter les rapports et les contacts entre les populations française et indigène.

(1) Cette fraction pourrait être la *ferka*, fraction parfaitement connue de chaque tribu; elle se compose, en moyenne, d'une centaine de tentes réparties entre six ou huit douars, lesquels sont de création tout administrative et française. Il ne conviendrait pas de descendre au-dessous de la ferka, car le douar n'offre pas au Trésor assez d'éléments de solidité et de garantie. Chaque ferka, connaissant son impôt fixe pour dix ans, désignerait les chefs des douars qui formeraient en même temps et la *djemmaa* et le conseil des répartiteurs. Cette manière d'agir n'est pas nouvelle chez les Arabes : du temps des Turcs, l'impôt était fixe. Les *ferradine* ou répartiteurs *choisis* par les contribuables établissaient le compte de chacun avec une exactitude remarquable.

23. Créer à Alger une école supérieure pour les études de législation musulmane.

24. Développer l'instruction publique musulmane dans les communes du territoire civil comme dans les villes. Suivre l'exemple de Cherchell, où les enfants des deux cultes fréquentent les mêmes écoles.

Réorganiser les écoles supérieures musulmanes, de façon à y recruter les agents de la justice musulmane et les secrétaires pour la langue arabe. Créer une école d'arts et métiers par province. (A l'instar de celle du Fort-Napoléon, qui sera ouverte dans quelques mois.)

Fonder des orphelinats musulmans pour les garçons et pour les filles dans chaque province.

25. Établir des salles spéciales pour les indigènes dans les hôpitaux, et assurer le service du culte pour les morts.

Propager la vaccine; donner des consultations gratuites; créer des infirmeries indigènes dans les cercles où il n'existe pas d'hôpital; attacher à chaque bureau arabe un médecin pour donner des soins aux tribus.

26. Transformer les prisons centrales affectées aux indigènes en pénitenciers agricoles, un par province; assurer le service du culte et respecter, autant que possible, les tombes musulmanes.

Réunir en un lieu distinct les indigènes condamnés aux travaux forcés, le contact des condamnés européens achevant de les pervertir.

27. Ordonner que dans les villes ce qui reste entre les

mains du Domaine, de maisons provenant de *habbous* (communautés religieuses), soit respecté, et qu'elles soient louées aux indigents musulmans à bas prix, d'après l'intention des fondateurs qui ont constitué originairement ces habbous.

28. Proposer tous les ans, au 15 août, un état des condamnés auxquels il est possible de faire grâce. Y comprendre principalement ceux qui, frappés sévèrement par notre code, n'auraient encouru qu'une peine légère si on leur avait appliqué la loi musulmane.

29. Recommander à toutes les administrations de se défaire des formes brusques et souvent méprisantes avec lesquelles on accueille les indigènes qu'un intérêt amène dans les bureaux.

II.

COLONISATION.

1. Règles générales. — On a beaucoup fait depuis trente-cinq ans en Algérie : cependant si la colonisation n'a pas prospéré autant qu'on pouvait le désirer, c'est qu'on n'a pas eu de plan d'ensemble, et qu'on s'est écarté des vrais principes de l'économie politique.

Quels sont ces principes?

La liberté dans les transactions commerciales et industrielles, l'organisation du crédit, la concentration de la population dans des lieux propices, la simplification dans l'administration, et le développement des travaux publics.

Or, tout en voulant fonder une grande colonie sur les bords

de la Méditerranée, au lieu de lui ouvrir de larges communications avec le reste du monde, on y a transporté notre régime de douanes et de restrictions maritimes. Les institutions de crédit y ont été oubliées. La colonisation, qui aurait dû être concentrée sur le littoral, s'est éparpillée au loin sur toute la surface du territoire. La création artificielle de centres européens et les concessions gratuites l'ont découragée plutôt qu'elles ne l'ont excitée. Dans un pays nouveau, on a introduit les administrations nombreuses et compliquées que l'expansion des intérêts et la multiplicité des affaires ont seules rendues nécessaires en Europe. Enfin, de grands travaux ont été entrepris, mais beaucoup ont été faits avec trop de luxe et sont improductifs.

Reprenons une à une toutes ces questions.

II. Liberté commerciale. — Lorsqu'un Européen arrive dans une colonie, il ne possède généralement pas de ressources suffisantes pour subvenir, par son simple travail, en peu d'années, à son entretien et à celui de sa famille. Il faut donc qu'il puisse trouver dans sa nouvelle patrie les objets de première nécessité au plus bas prix possible et des avances, à un taux modéré, qui lui permettent d'attendre le bénéfice que doit lui procurer son exploitation.

De ces considérations il découle naturellement que les ports de l'Algérie, déclarés *ports francs*, auraient dû être ouverts à toutes les marchandises du globe, et ceux de la métropole ouverts, sans droits, aux produits de la colonie. En outre, il était essentiel que la préoccupation du Gouvernement se portât sur la création d'institutions de crédit à l'usage des colons et des Arabes, car tout pays, tout atelier, toute usine ne peut être mis en valeur qu'au moyen d'un outillage. Toute création d'outillage exige l'immobilisation d'un capital. Demander ce capital au temps et à l'épargne, c'est tourner dans un cercle vicieux, puisque l'épargne ne peut venir que du profit, et que le profit ne peut naître que d'un outillage bien entendu et d'un capital bien employé. Que faire donc? User du crédit, cette force des temps modernes, et associer pour la prospérité commune l'avenir au présent. En dehors de ce principe simple, et vrai en Algérie comme partout ailleurs, il n'y a rien à tenter de grand, de profitable et de sensé.

III. Emplacement de la colonisation. — Quant au système de colonisation, il était indispensable de le bien définir, en le subordonnant aux exigences de la sécurité générale.

La colonisation en Algérie a précédé, en quelque sorte, l'affermissement du pouvoir militaire qu'elle devait suivre. Elle a marché avec nos colonnes, a établi des centres à 60 ou 100 lieues de la mer, au milieu des montagnes, au bord du désert, affaiblissant ainsi l'occupation militaire qu'elle paralysait, forçant l'armée, pour défendre ces établissements, à se répandre sur un espace immense, au lieu de se concentrer dans un seul but stratégique.

Les colons éloignés du littoral, sans voies de communication faciles, se sont trouvés dans des conditions précaires et n'ont pu vivre qu'à l'aide des ressources fournies par l'occupation militaire; réduits à la misère lorsque celle-ci venait à leur manquer. Prenons pour exemple Aumale. Cette petite ville n'est pas encore reliée avec Alger par une route commode : trois cents colons résident dans ses murs, neuf cents en dehors; ils n'ont aucun débouché pour leurs denrées; tous les objets qu'ils tirent d'Alger leur coûtent excessivement cher (1); ceux qu'ils produisent leur reviennent à des prix beaucoup plus élevés qu'aux Arabes qui, n'ayant pas les mêmes besoins, et travaillant dans des conditions plus avantageuses, cultivent à meilleur marché; de sorte que dans plusieurs localités le travail des Européens est moins rémunérateur que celui des indigènes.

Dans l'espoir d'augmenter la population coloniale, on a eu recours à deux expédients également impuissants : la création artificielle de centres européens et les concessions gratuites. Aucun d'eux n'a tenu ce qu'on s'en était promis.

IV. Centres européens. — La création artificielle de centres européens a amené bien des mécomptes. En effet, lorsque le Gouvernement fonde un village et qu'il y appelle des colons, il prend l'engagement moral de les installer dans des conditions favorables à leur prospérité. Il ne suffit pas qu'il leur ait donné la terre et même la maison, il faut, pour être conséquent avec lui-même, qu'il leur procure l'eau, l'assainissement du sol, de bonnes routes pour écouler les produits, et les établissements nécessaires pour le culte et l'instruction; il faut surtout qu'il fournisse aux colons des avances ou des moyens de crédit, afin de leur permettre de vivre avant

(1) Le transport d'une tonne d'Alger à Aumale coûte 60 francs.

d'avoir retiré un certain produit de leur travail. S'il n'a pas fait tout cela, il a manqué de prévoyance, d'humanité, et je dirai même de bonne foi, car il n'a pas pu vouloir appeler en pays étranger des Européens, des Français, pour les voir mourir de misère. Or, ces obligations que nous venons d'énumérer, le Gouvernement ne peut les remplir sur une vaste échelle sans compromettre ses finances.

Ce que je viens de dire n'empêche pas de réserver des terres du Domaine pour venir en aide à la formation des centres européens, lorsqu'ils écloront, pour ainsi dire, spontanément, sans peine, du sein des populations attirées par la facilité des communications, la fertilité du sol, au milieu du travail et de l'aisance commune. En dehors de ce mode d'intervention, la main de l'État doit se retirer.

Il faut donc réunir tous les efforts de la colonisation autour des chefs-lieux des trois provinces et tâcher, par tous les moyens, de ramener dans ces zones, que je nommerai de colonisation, ceux qui se sont égarés au loin. En effet, si les populations européennes sont groupées, elles vivront par l'échange des produits et par cette foule de petites industries qui naissent dans les sociétés civilisées. Ainsi, l'agriculture ne sera pas la seule source de profits, et, à côté de leur champ, le cordonnier, le tailleur, le charron, le manouvrier, etc. trouveront un emploi lucratif de leur temps. L'élément européen, concentré et compacte, acquerra une grande consistance, une grande confiance en lui-même, et fera naître parmi les colons ce bien-être que l'humanité et la politique nous obligent de développer sans cesse; car les Européens ne se rendront en Afrique qu'attirés par l'exemple de ceux qui, établis depuis longtemps, y auront accru leur aisance. On se tromperait fort si l'on croyait que les Irlandais et les Allemands qui vont en Amérique y arrivent avec des capitaux et les moyens nécessaires pour acheter des terres. Ce qui les appelle dans ces pays, comme les Basques à la Plata, c'est l'élévation du prix de la main-d'œuvre. Tout homme valide, dans ces contrées du nouveau monde, est à même de gagner un salaire très-élevé en exerçant les métiers les plus humbles. Aussi, au bout de quelque temps, chacun peut amasser quelque argent, et alors devenir propriétaire.

v. Concessions. — Le système des concessions gratuites de terrains était également défectueux : le sol est la première richesse d'un pays, et donner pour rien ce que d'autres peuvent vendre, c'est déprécier la valeur territoriale, empêcher les transactions sérieuses, favoriser de stériles spéculations; c'est aussi décourager l'activité individuelle au lieu de l'exciter, car l'homme n'attache pas un grand prix à ce qu'il a obtenu sans peine (1).

On avait d'ailleurs soumis les concessionnaires à des obligations gênantes dont la rigueur ne pouvait guère être maintenue, et il arrive que plusieurs d'entre eux conservent encore, depuis bien des années, leurs terres incultes, dans l'espoir de les vendre plus tard à un plus haut prix.

(1) Le trafic des concessions était devenu si ordinaire qu'il n'était pas rare de voir des individus ne demander une concession que lorsqu'ils avaient trouvé un acquéreur.

L'établissement de l'impôt foncier forcera les propriétaires à vendre ou à cultiver; il permettra en outre aux communes de mettre, au moyen de centimes additionnels, leurs ressources au niveau de leurs besoins et d'entrer plus complétement dans l'indépendance de la vie civile.

En général, les concessions de forêts de chêne-liége ne réussissent pas davantage. La raison en est bien simple : des conditions onéreuses d'exploitation sont imposées aux concessionnaires sous peine de déchéance; les choses ne sauraient se passer autrement. Mais les capitaux font défaut aux concessionnaires, ils ne peuvent se les procurer en empruntant sur les titres de concessions, le crédit leur est refusé; ils éprouvent de grandes difficultés pour satisfaire à leurs obligations, leurs opérations sont alors suspendues, et les forêts ne sont pas exploitées (1). Le Gouvernement aurait tout avantage à reviser les concessions en diminuant leur étendue et en les convertissant en propriétés définitives.

VI. Difficultés de l'immigration. — J'ai dit plus haut par l'application de quels principes la colonisation pourrait prospérer. Examinons cependant, pour la réfuter, une erreur trop accréditée et qui consiste à prétendre qu'une compagnie pourrait se charger d'introduire en Algérie de quarante à cinquante mille Irlandais ou Allemands. Il est clair qu'une compagnie ne se mettra à la tête d'une telle entreprise que pour y trouver un bénéfice. Ce bénéfice est-il réalisable? Le transport de cinquante mille émigrants coûterait au

(1) Il y a cependant une ou deux exploitations qui prospèrent.

moins, de l'Irlande en Algérie, à raison de 100 francs par individu, 5 millions. Il faudrait entretenir ces individus pendant trois ans, ce qui, en supposant la dépense pour chacun d'eux, en moyenne, à 500 francs, ferait 25 millions par an ou 75 millions pour trois ans. Il faudrait en outre, dès la première année, leur donner 300 francs par tête pour acheter des instruments, des semences et des bestiaux. Tout cela s'élèverait à un total de 95 millions, que la compagnie aurait déboursés au bout de trois ans, sans compter les intérêts du capital engagé. Et encore j'ai supposé les conditions les plus avantageuses, puisque j'ai admis que la terre serait donnée gratuitement aux immigrants, et je n'ai compté ni le prix des maisons à construire, ni la mortalité, ni les déchets de toute sorte. Or, je le demande, croit-on qu'au bout de trois ans les immigrants pourraient être dans un état assez prospère pour verser à la compagnie un intérêt annuel de 8 ou 10 millions, somme à peine suffisante pour payer l'intérêt, l'amortissement, compenser les risques et rapporter un certain bénéfice? Le plus sûr moyen d'accroître la population d'une colonie, je le répète, n'est pas d'y attirer, à grands frais et par des promesses trop souvent irréalisables, de nombreux immigrants, mais d'encourager les efforts des colons déjà établis, de favoriser leur bien-être et d'assurer leur avenir. Le spectacle de cette prospérité est le plus magique appel qui puisse être fait à la confiance des étrangers. Des courants d'émigration ne tardent pas à faire affluer tous les jours des forces nouvelles vers un pays où les capitaux trouvent un heureux placement et le travail un emploi lucratif.

VII. Développement des villes. — Il est indispensable que l'autorité supérieure mette des bornes aux exigences, louables d'ailleurs, des différents services, surtout à celles du génie militaire. Comme la guerre a été longtemps la première préoccupation en Afrique, tout a dû être subordonné aux nécessités de la défense.

Ainsi, il n'y a pas une ville de l'Algérie où l'on ne puisse signaler les faits suivants : La nature a tout préparé pour que des villes florissantes se développent dans des lieux favorisés par leur position au bord de la mer, par la beauté du climat et la richesse du sol; mais les administrations diverses sont venues s'y implanter avec leurs besoins multiples et leurs prévisions exagérées. Le génie militaire entoure la place de fortifications, en réalité ou en projet; les abords les plus convenables au développement de la ville sont frappés de servitudes; les terrains qui, dans la suite, pourraient acquérir une grande valeur, sont affectés à des services publics tels que les arsenaux, les casernes, la gendarmerie, les manutentions, les magasins de fourrages et de campement, les dépôts de remonte, les logements pour les états-majors et les fonctionnaires civils et militaires, de sorte qu'il ne reste plus de place pour de nouveaux habitants.

Je ne prétends pas détruire ce qui a été construit, mais on doit, partout où cela est possible, et sans nuire aux intérêts réels de la défense, restreindre les servitudes, livrer à la colonisation des terrains que l'Administration s'est réservés et qui ont déjà acquis une grande valeur, en échange d'autres terrains où les établissements des administrations pourraient être installés à beaucoup meilleur marché.

Ainsi, à Constantine, j'ai réduit la servitude du côté de Coudiat-Ati, afin de permettre d'y bâtir une halle indispensable, près du marché;

A Oran, j'ai autorisé la suppression du mur d'enceinte de l'Est et de ses servitudes;

A Bône, j'ai promis que la vieille enceinte, condamnée par le génie, serait abandonnée, à un prix modéré, par la Guerre à la municipalité;

A Bougie, je me suis prononcé contre le système de fortifications qu'on avait adopté et qui entraînerait des dépenses considérables.

VIII. SIMPLIFICATION DE L'ADMINISTRATION. AFFRANCHISSEMENT DE LA COMMUNE. — Il n'est pas non plus sans importance de simplifier les rouages administratifs et d'exiger des employés une solution prompte des affaires.

Il suffit de jeter les yeux sur l'*Annuaire administratif de l'Algérie* pour juger de la trop grande quantité de fonctionnaires dont se compose le gouvernement civil.

Dans toute l'Algérie, pour administrer 192,000 Européens répartis en 71 communes, il y a 3 préfets, 13 sous-préfets, 15 commissaires civils, total, 31 hauts fonctionnaires, non compris la nuée de chefs de bureau et d'employés divers. Certains arrondissements, en France, pour un chiffre égal de population, n'ont qu'un sous-préfet. Pourquoi ne pas supprimer en Algérie la plupart des sous-préfets et des commissaires civils, ainsi que la masse d'agents qui marchent à leur suite, sauf à leur trouver des positions équivalentes dans la métropole? Combien de fois, en France, n'a-t-on pas proposé la suppression des sous-préfets? N'est-il pas avantageux, en Algérie surtout, de ne pas mettre d'intermédiaires entre les maires et les préfets, puisque les premiers, en recevant du Trésor des frais de représentation, qui leur sont alloués aujourd'hui par les communes et qu'on pourrait augmenter, deviendraient des agents rétribués par l'État? Mais si l'on diminue le nombre des fonctionnaires, il est indispensable d'envoyer en Afrique les plus expérimentés, les plus habiles, les plus passionnés pour le bien, et de les convaincre qu'ils seront jugés et récompensés suivant les progrès accomplis, et suivant leurs efforts à s'affectionner la population indigène et à faire prospérer la colonie européenne.

Les 71 communes se répartissent, en Algérie, de la façon suivante : 29 pour la province d'Alger; 18 pour celle d'Oran; 24 pour celle de Constantine. Le préfet de chaque département ne peut-il pas, avec ses nombreux bureaux, diriger un si petit nombre de communes, qui ne forment pas même un arrondissement de France?

Il y aurait lieu de supprimer les seize bureaux civils, qui coûtent plus de 120,000 francs et qui ne sauraient plus rendre d'utiles services. Leurs agents ne peuvent se faire obéir que lorsque le pays est parfaitement tranquille. Le moindre refus de la part de leurs administrés les oblige à demander main-forte à l'autorité militaire, ce qui est arrivé plusieurs fois, et notamment à Tlemcen, en 1862. On remplacerait avec avantage les bureaux civils par la création, dans chaque mairie, d'un employé qui, connaissant la langue arabe, remplirait les fonctions d'interprète et serait chargé de la tenue des registres de l'état civil pour les musulmans.

Les services de la Trésorerie, du Domaine, des Forêts, des Bâtiments civils, des Douanes, des Travaux topographiques emploient un personnel beaucoup trop nombreux.

La composition des conseils municipaux par la voie de l'élection serait une bonne mesure. Mais je crois qu'il faut faire plus. Il est important, dans un pays nouveau, de créer la vie municipale et de procéder à l'émancipation de la commune en lui permettant d'emprunter et de se taxer à volonté.

Malgré le désir de simplifier l'administration, j'ai décidé qu'on aurait un évêché par province. Cette nouvelle institution m'a paru nécessaire, d'abord parce qu'il est impossible à l'évêque d'Alger, à cause de l'étendue de nos possessions, de visiter tout son diocèse, et ensuite parce qu'il est bon, en présence de tant de cultes divers, de relever l'importance des ministres du culte catholique.

MESURES PROPOSÉES.

1. Déclarer la franchise de tous les ports de l'Algérie; supprimer ainsi toutes les douanes, et ne conserver l'octroi de mer que comme ressource pour les villes. Admettre en même temps dans la métropole, sans droits, tous les produits de l'Algérie.

Déjà, d'après l'avis du Gouverneur général, j'ai décidé la suppression de la douane établie sur les frontières du Maroc : elle coûtait plus de 100,000 francs et n'en rapportait que 8,000.

2. Créer dans chaque province un comptoir d'escompte, pouvant prêter aux colons, comme aux Arabes, à un taux modéré.

3. Tracer un périmètre à la colonisation autour des chefs-lieux des trois provinces.

Ainsi, dans la province d'Oran, le périmètre du territoire dans lequel les Européens pourront développer leurs intérêts sera circonscrit par une ligne qui, à l'ouest, partant de l'embouchure du Rio Salado, remontera ce cours d'eau jusqu'au territoire de Bou Tlelis, et, de là, se dirigera vers le sud en laissant intérieurement tous les établissements européens dans la direction d'Oran à Tlemcen, y compris le territoire d'Hennaya. Dans le sud, cette ligne, partant de Tlemcen, gagnera le territoire d'Hadjar-Roum, en suivant le pied des montagnes, puis celui de Sidi-Ali-ben-Youb, et ira jusqu'à Tenira pour revenir à Sidi-bel-Abbès. De là elle descendra le Sig jusqu'à Saint-Denis, embrassera Perregaux sur l'Habra, Bouguirat, l'Hilil, Relizane et les centres de population qui seront créés sur la ligne des chemins de fer dans la vallée du Cheliff, jusqu'à la limite des divisions d'Oran et d'Alger. Enfin la limite nord comprendrait le territoire de Mostaganem et remonterait la vallée du Cheliff.

Dans la province d'Alger, cette ligne renfermera les crêtes du petit Atlas qui entourent la Mitidja, laissant au nord tous les territoires européens qui s'étendent depuis Novi et Cherchell jusqu'à Dellys; de plus, une zone comprenant tous les centres déjà créés sur la route de Blidah à Orléansville et tous ceux à fonder dans la partie sud de la vallée du Cheliff, depuis Milianah jusqu'à la province d'Oran; enfin les établissements de Tenez et d'Orléansville.

Dans la province de Constantine, la limite nord devra comprendre, à partir de Sétif, les territoires déjà occupés ou à occuper sur la route de Sétif à Constantine jusqu'à l'Oued Decri; de là, gagner Milah pour redescendre dans la vallée de l'Oued Kebi jusqu'au territoire de Smendou, d'où elle atteindra Collo en suivant la vallée de l'Oued Guebbi. La limite sud laissera en dedans les centres de population établis entre Sétif et Hammam Grouss; de là elle joindra le territoire d'Aïn Mlila, d'où elle se dirigera sur Aïn Ghoul; puis, laissant intérieurement le territoire de Guelma, elle décrira une courbe pour venir se relier avec Souk-Ahras, et remontera vers le nord jusqu'à Mondovi, d'où elle arrivera à La Calle.

Dans la province d'Oran, les territoires de Nemours, de Mascara et de Tiaret, ne pourront prendre de nouveaux développements que lorsque les populations deviendront plus denses. Il en sera de même, dans la province d'Alger, pour le territoire d'Aumale; dans la province de Constantine, pour les postes de Bougie, Djidjelli, Collo et Batna. Quant aux postes de Maghnia, Sebdou, Daya, Saïda, Ammi Moussa, dans la province d'Oran; les postes de Teniet-el-Haâd, Boghar, Tizi-Ouzou, Fort-Napoléon, dans la province d'Alger; enfin, les postes de Bordj-bou-Aréridj, Biskra, Aïn Béida et de Tebessa, dans la province de Constantine, ils devront rester dans l'état actuel, sans que leurs territoires puissent être augmentés. Toutefois, on viendra en aide par des subsides aux colons qui demanderont à rentrer dans les zones de colonisation.

4. Employer aux travaux suivants les 100 millions que le gouvernement de l'Algérie recevra en six ans : 30 millions pour les routes; 20 millions pour les ports; 30 millions pour les barrages, les canaux, les dessèchements de marais, les puits artésiens; 15 millions pour le reboisement des montagnes; 5 millions pour réintégrer dans les zones de colonisation les Européens qui végètent loin des côtes.

5. Confier le service de correspondances et de transport à l'industrie privée. Elle remplacerait avec avantage les bateaux de l'État qui, n'étant pas emménagés pour ce service spécial, n'embarquent aucune espèce de marchandise, tandis que l'insuffisance des six places réservées aux passagers oblige tous les autres voyageurs à endurer sur le pont l'intempérie des saisons.

6. Dans l'exécution des travaux publics introduire la plus stricte économie. Il ne s'agit pas dans un pays nouveau de faire des œuvres d'art, mais de satisfaire de la manière la plus simple aux besoins impérieux de la colonisation. Recommander aux provinces de mettre la plus grande réserve dans la construction de leurs édifices. Suivre la même règle pour les constructions qui sont à la charge de l'État. Les établissements civils et militaires créés à Oran, à Tlemcen, à Aumale, à Batna, etc. sont hors de proportion avec les besoins et les ressources du pays.

7. Renoncer à toute espèce de concessions, même pour les

forêts, ainsi que le prescrit le décret du 31 décembre 1864, et changer les concessions en propriétés définitives, sauf à en réduire l'étendue.

8. Renoncer à la création de centres de population factices. Néanmoins réserver, sur le parcours des chemins de fer, des emplacements pour des villages, en adoptant un plan définitif.

9. En territoire civil, établir, le plus tôt possible, l'impôt sur les terres, en prenant pour base la qualité du sol, qu'il soit cultivé ou non, comme cela a lieu en France. Cette mesure, réclamée par les colons eux-mêmes, obligera les propriétaires à défricher ou à vendre.

10. Émanciper la commune en lui permettant de nommer les membres des conseils municipaux, de s'imposer pour ses besoins comme elle l'entendra et de contracter des emprunts.

11. Affranchir les colons du service militaire en France, l'alléger en Algérie, ainsi que cela sera expliqué dans le chapitre suivant.

12. Créer un évêché par province; élever l'évêché d'Alger au rang d'archevêché.

13. Réduire considérablement le personnel, et par suite les frais d'administration civile, lesquels montent chaque année à 3 millions et demi. Supprimer les seize bureaux arabes civils.

14. Désigner des auditeurs au Conseil d'État pour les atta-

cher au Conseil du Gouvernement. Les auditeurs, après cinq années passées à Alger, auraient la faculté de rentrer au Conseil d'État comme maîtres des requêtes.

15. Assurer la sincérité des délibérations des conseils généraux en exigeant dans ces assemblées l'introduction d'interprètes. Jusqu'à présent, à Oran, le conseil général n'a pas permis aux indigènes d'avoir un interprète, de sorte qu'ils restent étrangers à ce qui se passe dans le conseil. Il n'y a dans les conseils généraux que des indigènes rétribués par l'État (sauf peut-être une exception pour Alger). Il serait important d'y placer des notables indépendants et riches.

16. Publier un vocabulaire des noms arabes, dans le territoire civil, car ces noms sont d'une transcription difficile en caractères français; en les écrivant comme on croit les entendre prononcer, tout le monde ne les orthographie pas de la même manière; chacun suit un système différent de transcription. Ainsi, le même nom figure tantôt d'une façon, tantôt d'une autre, sur les registres de l'état civil, sur les matricules de l'impôt ou sur les sommiers du Domaine, ou dans les dossiers du tribunal, ou sur les registres des greffes et des municipalités. Une orthographe uniforme et rigoureuse des noms est cependant indispensable pour les actes de l'état civil.

17. Chercher si l'on ne pourrait pas simplifier les procédures en matière civile, car une des choses qui lèsent le plus les Arabes, comme les colons, c'est la longueur des formes judiciaires et administratives. Il serait bon, d'ailleurs, de faire,

en Afrique, l'essai de réformes qui pourraient plus tard être appliquées en France.

18. Veiller à ce que les journaux ne sèment pas la méfiance et la désaffection entre les indigènes et les Européens par des attaques exagérées ou sans fondement.

19. Examiner si le Conseil du Gouvernement ne pourrait pas, pour beaucoup d'affaires urgentes, se dispenser du renvoi au Conseil d'État, cause de bien des longueurs.

III.

OCCUPATION MILITAIRE.

La principale préoccupation du Gouvernement est de rechercher les moyens de diminuer les charges qui pèsent sur la métropole, sans compromettre cependant la sécurité de nos possessions. A cet effet, j'examinerai les questions suivantes :

1° L'emplacement des troupes; 2° les tribus frontières; 3° les colonnes mobiles; 4° les bureaux arabes; 5° les spahis et les smalas; 6° les régiments d'infanterie indigène; 7° les fortifications.

1. Emplacement des troupes. — Le chiffre élevé de l'armée d'Afrique est dû principalement à cette obligation d'avoir des garnisons dans 60 postes différents. De même qu'on a créé partout des centres civils, on a partout établi des centres militaires, sans donnée stratégique bien étudiée.

L'erreur a été surtout de construire dans tant d'endroits des établissements permanents considérables, qu'on est obligé d'occuper et de défendre, quand même l'intérêt serait de les abandonner. Ainsi, par exemple, il est question de transporter la subdivision de Sidi-bel-Abbès à Tiaret; si cette translation s'exécute, à quoi serviront les établissements militaires dispendieux faits dans la première ville?

A ce propos, il n'est pas inutile de rappeler la circulaire du maréchal Bugeaud, en date du 8 mai 1846, parce qu'elle est pleine de ce bon sens pratique qui distinguait cet illustre capitaine :

Les circonstances me conduisent à vous rappeler ce que j'ai souvent écrit et répété : qu'au milieu du calme le plus parfait, nos troupes et nos moyens de tout genre doivent être préparés, placés et disposés comme au temps où la guerre avait la plus grande activité, comme au temps où Abd-el-Kader pouvait réunir 12 à 15,000 hommes; car, ajoutais-je, la guerre peut renaître d'un moment à l'autre par le soulèvement du pays ou d'une fraction considérable; que si, dans de pareilles circonstances, nous sommes décousus, éparpillés, mal approvisionnés dans nos postes, nous offririons à l'ennemi une foule d'occasions partielles de nous faire éprouver des échecs dont les résultats matériels et surtout moraux auraient les plus graves inconvénients.

Vous savez combien aussi, souvent, je me suis élevé contre la multiplication des postes permanents vers lesquels la tendance était presque générale; on croyait en démontrer la nécessité absolue par une foule de motifs plus ou moins spécieux : il fallait un poste, disait-on, en tel ou tel endroit, pour surveiller le pays, pour l'administrer, pour en avoir des nouvelles et s'assurer si les chefs arabes remplissaient bien leurs obligations envers nous et envers leurs administrés; d'autres fois, c'était pour assurer telle ou telle communication, pour que les convois et même les voyageurs isolés pussent trouver quelques ressources alimentaires sur leur route et un abri le soir contre les attaques nocturnes et les voleurs. On ne réfléchissait pas que, des besoins de cette nature se faisant sentir sur toute la surface de l'Algérie, il aurait fallu, pour être conséquent, y satisfaire partout, et qu'alors l'armée eût été immobilisée dans des postes permanents grands et petits.

Serait-il encore nécessaire de répéter que les postes permanents, qui ne peuvent être que très-faibles, en raison de leur multiplicité, n'assurent pas les communications et n'ont aucune action sur le pays; qu'ils ne gardent réellement qu'un point; que l'action réelle, la véritable puissance est dans les troupes qui tiennent la campagne, lesquelles ne conservent leur force dominatrice qu'autant qu'elles ne se subdivisent pas trop et que chacune des fractions est capable de vaincre toutes les forces réunies de la contrée qu'elle est chargée de maintenir dans l'obéissance; que non-seulement les postes multipliés immobilisent une partie des forces de l'armée, affaiblissent numériquement les colonnes agissantes, mais encore qu'ils absorbent une partie de l'action des troupes restées mobiles, puisque celles-ci sont chargées de les ravitailler, de satisfaire à leurs besoins, et souvent d'aller à leur secours, au lieu de faire des opérations utiles contre l'ennemi; que ces secours n'admettent pas de retard, qu'il faut souvent marcher par le temps le plus défavorable, et que de là peut naître une catastrophe; *enfin que les postes qui ne sont pas démontrés d'une nécessité absolue doivent être soigneusement évités, car ils sont une source d'embarras, de faiblesse et de danger.*

Les postes-magasins ou de ravitaillement, qui sont indispensables pour favoriser la mobilité des colonnes, n'ayant qu'une faible garnison, ne sont chargés, à proprement parler, que de leur défense; ils ne doivent pas prétendre à la domination du pays qui les environne, car ils en sont parfaitement incapables.

Tant que le pays est calme et obéissant, le chef de ces postes doit sans doute surveiller l'action des chefs indigènes, se faire faire par eux des rapports sur tous les points de leur administration, les faire venir de temps à autre auprès de lui pour se faire rendre compte avec détail de la disposition des esprits, de l'état des perceptions, de la police, des amendes, des bruits qui circulent, etc. etc. Mais ce chef ne doit jamais sortir avec une fraction de son monde, soit pour rétablir l'ordre qui aurait été troublé, soit sous le prétexte de protéger le pays (1). Il

(1) Si le colonel Beauprêtre avait suivi cette règle, la catastrophe dont il a été victime ne serait pas arrivée.

peut tout au plus faire une sortie brusque et de nuit, à courte distance, pour arrêter des hommes signalés comme dangereux, ou pour tout autre coup de main partiel jugé nécessaire pour assurer la tranquillité du cercle; mais le détachement qui serait fait, dans ces cas fort rares, devrait être rentré au point du jour. S'il y a des actes à réprimer chez une tribu ou grosse fraction de tribu, il faut attendre, pour en demander compte, qu'une colonne vienne manœuvrer dans le pays; c'est alors qu'on pourra le faire avec efficacité et sans danger.

La réunion en une seule colonne de tous les postes, qu'on échelonnerait, d'après la routine, sur une communication, l'assurera beaucoup mieux, si cette colonne manœuvre convenablement, que ne le ferait la division des forces des postes permanents.

Ces principes excluent-ils les postes d'une manière absolue? Non, assurément; le principe de mobilité exige quelques postes de ravitaillement. Loin d'être contraires au système, ils le complètent, car ils favorisent singulièrement la mobilité des colonnes, quand ils sont convenablement placés.

Il faut quelques postes-magasins bien répartis, construits de manière à ce qu'ils puissent remplir leur objet, en n'exigeant qu'une garnison de cent ou cent cinquante hommes au plus, pour s'y défendre; malheureusement, c'est ce que nous n'avons pas su faire, et c'est ce à quoi il faut que nous arrivions, etc.

Je suis bien aise de m'appuyer sur l'opinion du maréchal Bugeaud pour prouver qu'il est indispensable de réduire le nombre des postes occupés par l'armée; que les postes-magasins doivent être construits de manière à n'exiger qu'une très-faible garnison; que les colonnes mobiles sont les seuls moyens efficaces pour réprimer une insurrection; enfin, qu'en Afrique l'armée doit être toujours mobilisée.

On dit, il est vrai, que, par la circulaire précédente, le maréchal Bugeaud condamnait une foule de petits postes qui ont été abandonnés, tandis que les centres militaires existants ont été établis d'après ses indications. Mais je crois que le maréchal avait reconnu ceux-ci nécessaires à titre provisoire, pour achever l'œuvre de la conquête, et non pour une occupation définitive. Et d'ailleurs, à mesure qu'on s'étend vers le Sud, il est clair qu'on peut supprimer les garnisons du littoral et celles qui s'en rapprochent le plus. Il faut reconnaître aussi que les centres militaires n'ont pas été formés, comme le voulait le maréchal, de manière à être défendus avec cent ou cent cinquante hommes, mais pour recevoir des garnisons six à huit fois plus nombreuses.

Quant aux postes de l'extrême Sud, ils ont été créés, d'une part, en vue de faciliter les relations commerciales avec le Soudan, et de l'autre, afin de maîtriser les populations turbulentes du Sahara. Dans la pensée de tous, la création des postes de Géryville, Laghouat, Djelfa, devait ouvrir une ère nouvelle de prospérité à l'Algérie. En outre, tout désordre, toute tentative d'insurrection serait désormais impossible. Le Sud, disait-on, est le foyer des tempêtes; pour les prévenir, il faut occuper fortement le pays. Or, si l'occupation de ces postes méridionaux a facilité pendant longtemps la pacification et intimidé les nomades, elle ne nous a pas amené, comme on se l'était promis, le commerce des caravanes, qui n'était entretenu que par celui des esclaves, et elle a eu l'inconvénient de nous entraîner à des expéditions bien coûteuses, sans empêcher les insurrections de s'avancer jusqu'au Tell. L'importance des postes du Sud repose tout entière sur l'influence morale qu'ils exercent : ce sont des sentinelles avancées chargées de surveiller le pays; ils doivent être constitués de manière à pouvoir se défendre d'eux-mêmes, sans aucun secours, pendant un an; mais ils ne sont pas destinés à servir de base d'opération qui permette de nous lancer à la poursuite d'un ennemi insaisissable. Car lorsque nous portons la plus grande partie de nos forces dans le Sud, l'ennemi, par nos derrières, pénètre dans le Tell, où alors l'insurrection devient générale, comme cela a failli arriver cette année même; notre Tell, complétement dégarni, est à la merci de tout homme venant du Sud à travers nos colonnes, d'un Si Lalla, par exemple, ou d'un derviche comme Bou-Barla ou Boussif, descendu des montagnes et traînant à sa suite quelques milliers de Kabyles. Evidemment cette situation laisse la colonie européenne, comme nos tribus, à la merci des événements.

L'important est d'avoir toutes nos troupes régulières concentrées sur des points stratégiques bien choisis dans le Tell, de ces points qui commandent à la fois le Sahara et les débouchés des hauts plateaux; qu'elles soient organisées en colonnes mobiles prêtes à fondre à l'improviste sur l'ennemi; alors la frontière sud du Tell, parfaitement occupée par des troupes françaises appuyées de makhzen, devient un rempart solide et presque inexpugnable; nous sommes partout en force; nous mettons à l'abri de tout contact dangereux les tribus soumises, dont la fidélité n'est pas douteuse, mais dont on ne peut méconnaître l'esprit mobile et ardent. Le passé renferme la leçon de l'avenir.

En conservant donc les postes avancés dans le Sud, il faut en restreindre la garnison au plus faible effectif possible; il faut surtout écarter progressivement et sans secousse les colons qui végètent autour de ces postes, et sont pour nous une cause de sérieuses préoccupations et de grandes difficultés.

II. Makhzen. — Pour maintenir les frontières, je désire qu'on revienne, en l'améliorant, au système turc des makhzen, c'est-à-dire des tribus auxquelles on impose un service militaire sur la frontière en échange d'immunités qui leur sont accordées, telles qu'exemptions d'impôts, distinctions honorifiques, etc.

Le makhzen se composerait, dans chaque province, de plusieurs tribus. En temps ordinaire et en cas de désordre ou de refus d'impôt, elles seraient engagées les premières, et nous dispenseraient souvent de l'envoi de colonnes européennes. Le jour où la guerre éclaterait en Europe, où nos tirailleurs et nos spahis auraient été transportés sur le continent, nos tribus makhzen, compromises depuis longtemps, resteraient fidèles, comme l'ont été les Douairs et les Zmélas de la province d'Oran, et comme l'a été dernièrement, au gouvernement tunisien, la tribu des Drids.

Nous empruntons à un mémoire du général Ducrot les détails suivants sur l'organisation des makhzen :

Makhzen, dans le sens précis du mot, signifie *gouvernement* : le makhzeni est l'homme du gouvernement, l'agent faisant partie de la colonne chargée du recouvrement de l'impôt annuel; il était considéré à la fois comme agent du fisc et comme soldat.

Le beylick du Titery, dont on a formé la subdivision actuelle de Médéah, possédait deux tribus makhzen, appelées, comme dans les autres provinces, *douairs* et *âbid*, ou *zmala*, suivant la tradition.

Leur fondation remonte à Kheir ed-Din Pacha, qui voulait, par leur établissement, se former une base solide et permanente de troupes auxiliaires, ayant à la fois l'influence politique du commandement et celle, toute militaire et stratégique, de la force, en même temps que créer, par les priviléges dont cette force était revêtue, une source constante d'antagonisme entre les tribus arabes.

Dans le principe, tout chef de tente qui venait s'établir avec sa famille sur le territoire des Douairs ou des Âbids était immédiatement inscrit comme cavalier du makhzen : il recevait un cheval et un fusil. La nourriture et le harnachement du cheval restaient à la charge de l'inscrit. A la mort du cavalier, s'il n'avait personne pour le remplacer dans son service effectif, son cheval et son fusil étaient repris par l'État. Le makhzeni était donc fixé à vie sur ce territoire, où il était attaché par les intérêts et retenu par les jalousies des tribus voisines; et, à la longue, ces smalas, composées, dans le principe, d'éléments si hétérogènes, avaient fini par former de véritables tribus, parfaitement compactes et homogènes. Ainsi se sont formés les makhzen.

Le Gouvernement remplaçait tous les chevaux du makhzen morts ou hors de service. Les animaux nécessaires pour la remonte du beylick étaient fournis par les tribus raïa, soit à titre d'impôt, soit comme *gada* ou amende. Le makhzen, et c'était là la source de sa force et de sa prépondérance, était complétement exempt de corvées et de tous impôts, quels qu'ils fussent, *rérama, achour,* ou *moïna,* pour les cultures, récoltes, produits faits sur le territoire du Gouvernement.

On fournissait aux cavaliers nécessiteux les grains pour ensemencer leurs terres et pour nourrir leurs chevaux; ils étaient tenus de réintégrer ces avances, dans les magasins de l'État, sur leurs premières récoltes.

Toutes les fois que le cavalier makhzeni était appelé à faire un service qui l'éloignait pour plus de huit jours de la smala, il touchait la ration journalière d'homme et de cheval allouée au soldat régulier. En échange de ces prérogatives, le makhzeni rendait des services multipliés. Le cavalier makhzeni assistait, comme agent du fisc, le kaïd dans l'opération du recensement, la perception des impôts. Il était l'exécuteur des ordres de l'autorité, à laquelle il était en quelque sorte inféodé. Enfin, comme auxiliaire, il remplissait le premier rôle : un douar, une fraction de tribu refusaient-ils l'obéissance, aussitôt le bey dépêchait une petite colonne de makhzeni chargée de faire rentrer les récalcitrants dans le devoir.

On ménageait ainsi l'emploi décisif des troupes régulières. On épargnait ainsi tout échec à l'autorité supérieure, qui n'intervenait alors qu'en dernier ressort. En somme, l'institution des makhzeni constituait le principal moyen de l'autorité des beys; c'était un moyen pratique et économique, politique et militaire, de domination.

Les Douairs et les Âbids composaient, avons-nous dit, le makhzen de l'ancienne province du Titery. Les Douairs avaient été installés sur des terrains confisqués en partie aux Oulad Heddim et en partie aux Oulad Saïd, terres revenues au *Bit el-Mal* par droit de vacance. Les Âbids occupaient le territoire des Hakoum, devenu vacant par l'extinction des possesseurs. Sous les derniers beys, ces tribus pouvaient fournir un effectif de 600 cavaliers, pendant l'absence desquels les fantassins, presque tous parents ou *khammès* des makhzeni, étaient chargés de la garde du territoire des smalas. Les Âbids avaient, en outre, l'honneur de fournir exclusivement les *mekalia* ou gardes du corps du bey. Ces cavaliers, au nombre de quinze, étaient commandés par les bach-mekali.

Dans le principe, les tribus makhzen étaient commandées par un seul agha. Plus tard, les beys en nommèrent deux dans les Douairs et deux dans les Âbids. Le chaouch de l'agha était son khalifa. Le Gouvernement avait établi en principe de renouveler très-fréquemment les aghas, tant pour surexciter les ambitions à bien servir l'État que pour récompenser les services de guerre. La position de l'agha du makhzen était très-convoitée. Elle se payait jusqu'à 1,500 boudjous (1), sans compter les étrennes ou coutumes (*aouaïd*) aux fonctionnaires du douar.

Les tribus makhzen, outre leurs droits spéciaux, percevaient certaines redevances des fiefs qui leur avaient été concédés comme récompenses de services de guerre, redevances partagées entre les aghas et les makhzeni.

Si, à cette époque, nous avions su et pressenti ce qu'était la force

(1) Le *bechmak*, ou droit d'investiture.

redoutable des makhzen; si, et ils ne demandaient pas mieux, nous en avions fait un des points d'appui de notre conquête, nul doute qu'elle n'eût été plus solidement établie.

La position faite aux tribus makhzen par nos prédécesseurs nous assurait leur concours, et, en nous bornant à réformer des abus, nous nous serions établis avec moins d'hommes et moins d'argent, mais plus d'ordre et de stabilité dans l'ancienne Régence d'Alger.

L'emploi de ces précieux irréguliers permettait de ménager l'emploi des troupes régulières, peu nombreuses d'ailleurs, dont disposaient les pachas. Composées presque exclusivement d'artilleurs, les troupes turques étaient éparses sur le territoire de la Régence et formaient les garnisons d'un certain nombre de *bordjs* ou fortins, pour la plupart élevés sur les ruines et avec les matériaux des *castella* romains.

De solides murailles, quelques réduits, une fontaine, sept ou huit pièces d'artillerie et des approvisionnements pour trois mois en faisaient d'inexpugnables forteresses.

Ce n'était qu'à la dernière extrémité que les *yoldach* et les *zebantout* sortaient de leurs murailles pour frapper des coups décisifs. Dans la plupart des razzia ou des colonnes, les makhzeni étaient seuls à donner, mais ils chargeaient l'ennemi avec d'autant plus d'audace qu'ils se sentaient soutenus par une infanterie aguerrie. Souvent, la plupart du temps même, les zebantout ne tiraient pas un coup de fusil. Ils ne donnaient que dans le cas fort rare où le makhzen était repoussé, ou bien lorsqu'il s'agissait de déloger l'ennemi de terrains inaccessibles à la cavalerie. Les garnisons des forts se ralliaient aux colonnes qui, au printemps, parcouraient les diverses outhan (1).

Dans les cas de sortie des fantassins réguliers, et pour en tirer tout le parti possible dans ce pays, où la rapidité d'action est la première condition des opérations militaires, les Turcs avaient organisé de fortes

(1) Cette colonne ou *mehalla* était, dans le Titery, composée

1° De l'agha, commandant en chef;

2° D'un chaouch, commandant la maison du sultan;

3° Du kiaïa de l'agha;

4° D'un boulak-bach ou d'un oukil el-hardj;

5° De 15 tentes comprenant chacune 14 soldats, 2 azara (domestiques), 1 tobdack (cuisinier), 1 beberak (enfant de troupe chargé du service intérieur de la tente).

réserves de bêtes de somme : mulets dans le Tell, chameaux dans le Sud (1).

Une insurrection, un mouvement éclataient-ils sur un point quelconque, les zebantout montaient immédiatement sur leurs bêtes, la troupe suivait le makhzen : non-seulement elle arrivait rapidement sur le théâtre de l'action, mais encore elle y arrivait toute fraîche. Des agents spécialement réservés pour ce soin accéléraient la marche des convois; ces individus, véritables serre-files, étaient armés de longs bâtons, avec lesquels ils frappaient les animaux. Ils devaient, en outre, relever les zebantout maladroits qui se laissaient choir.

On conçoit quelle action devait exercer une troupe combinée ainsi de makhzeni, de fantassins aux allures rapides et toujours prêts au combat. La garnison de chaque bordj se composait de trois seffra; chaque seffra comprenant réglementairement 23 hommes, on peut évaluer la moyenne des garnisons à 60 hommes. Ils étaient placés sous les ordres d'un agha ou kaïd, aidé d'un kiaïa et d'un krodja.

Ce fonctionnaire réunissait tous les pouvoirs en sa main. Il était chargé de la perception du *meks* sur les marchés, lesquels étaient un puissant moyen d'action entre les mains de l'autorité turque. Dans le beylick du Titery, le bordj de Berouaghia était occupé par deux seffra à l'extrémité est du Titery; celui de Sour-er-R'ozlan (Aumale) était occupé par trois seffra; le bordj Souari avait pour garnison des soldats du bey et non des yoldach.

Comme application directe et immédiate, c'est la subdivision de Médéah que nous prendrons pour exemple. Hâtons-nous d'ajouter que les mesures suivantes sont également applicables aux subdivisions d'Aumale et d'Orléansville, à celles d'Oran et de Sidi-bel-Abbès. Nous nous bornons à ces citations, convaincus que nous sommes, que, sauf des modifications de détail, l'institution des makhzen et des smalas est partout excellente en principe.

Dans la subdivision de Médéah, la tradition nous indique naturellement les tribus que recommandent d'ailleurs leur situation topographique sur la limite du Tell, l'excellent esprit qui les anime, et les

(1) Ainsi il y avait toujours 200 mulets à Berouaghia et 200 à Ben Chikao pour ce service spécial.

preuves de dévouement qu'elles n'ont cessé de donner à la cause française.

Ces tribus sont au nombre de quatre : les Titteri, les Douairs, les Âbids, les Oulad-Ahmed-ben-Saâd.

Comme base première et essentielle de ce projet sommaire, ces tribus seront exemptes de toute espèce d'impôts pour les terres et produits faisant partie du territoire affecté auxdites tribus. Elles seront également exemptes de toutes corvées ou réquisitions en hommes ou en animaux.

Il serait même opportun, sinon nécessaire, de les exempter du service des prestations, lesquelles seraient exécutées par les tribus raïa qui se trouveraient, par rapport aux kaïds makhzen, dans la position où se trouvent placées aujourd'hui celles aux ordres des kaïds El-Kiad.

En revanche chacune de ces tribus nous devra, en tout temps, au premier appel : 100 cavaliers bien montés et convenablement harnachés; 100 fantassins jeunes et vigoureux.

Chaque cavalier recevra ses armes du Gouvernement : un sabre, un pistolet, un fusil. Comme signe distinctif, et sans autre uniforme, ils porteront le zemdani ou burnous noir, et un cordon rouge enroulé avec la corde en poil de chameau qui ceint la tête. Chaque fantassin sera armé d'un fusil à silex (1).

Mais, en temps de paix, les armes de ces derniers seront conservées dans des dépôts spéciaux : Berouaghia ou Moudjelam, par exemple. Elles ne seraient remises aux fantassins qu'en cas de troubles et d'éloignement des cavaliers makhzen, pour la garde des territoires de la tribu.

Les tribus makhzen seront tenues d'entretenir une réserve de cent cinquante mulets ou chameaux, réservés spécialement soit pour le transport de nos fantassins, soit pour le besoin de nos ravitaillements ou de nos ambulances.

Deux fois par année, un officier des affaires indigènes, un vétérinaire, désignés à cet effet, s'assureront du bon état de ces animaux

(1) Ce qui ne constituera pas, par conséquent, une bien grande charge pour nos arsenaux, qui fourniront des armes modèle 1822, que la dépense de transformation a empêché de modifier jusqu'ici.

L'officier d'artillerie chargé des inspections d'armes dans la province s'assurera annuellement du bon état et de l'entretien de ces armes.

qui, d'ailleurs, étant la propriété des makhzen, seront utilisés à toute espèce de travaux dans la tribu. Dans le cas où l'on ne voudrait faire agir que des forces indigènes, ces mulets ou chameaux serviraient au transport des fantassins du makhzen lorsqu'ils voudraient agir de concert avec le goum (1).

Les cavaliers et fantassins du makhzen doivent leurs services gratuitement, à première réquisition. Cependant, toutes les fois que les exigences du service nécessiteront leur absence du pays pour plus de six jours, les cavaliers toucheront 1 franc par jour, une ration d'orge, une ration de biscuit et une ration de sucre et de café; les fantassins, 1 franc par jour, une ration de biscuit, une ration de sucre et de café.

Les tribus makhzen étant exemptes de tout impôt, leurs kaïds toucheront, en remplacement du dixième de l'impôt, une solde de 100 francs par mois; ils continueront à percevoir la part qui leur est afférente sur celles des amendes frappées par eux. Les dépenses du makhzen du Titery pourraient donc être évaluées à :

1° 4 kaïds à 1,200 francs	4,800f
2° 200 cavaliers, en moyenne (2), 120 francs par an	24,000
3° 400 fantassins à 45 francs par an	18,000
Formant un total de	46,800

L'exemption d'impôts pour ces quatre tribus ne serait, en moyenne (3), que de 55,311 francs (achour et zekkat réunis) (4).

(1) L'expérience a prouvé tous les avantages que nous pouvions retirer, au triple point de vue politique, militaire et économique, en n'employant dans le sud de nos possessions algériennes que des forces essentiellement indigènes. Il nous suffira de rappeler ici la razzia faite sur les Oulad Naïl par les mouvements combinés des goums du Titery et de Boghar; l'expédition de Si Cherif bel-Arch, avec ces mêmes Oulad Naïl, contre les fractions insurgées des Larbaa, qu'il poursuivit jusque dans les Beni Mzab; plus récemment, la prise de Si Mohammed ben Abdallah par les goums de Si Bou Beckr dans les dunes de Metlili. On ménage ainsi et la santé et la vie de nos soldats; en lançant les goums, nous n'engageons jamais notre drapeau, et nous nous réservons, chose précieuse, toute liberté d'action.

(2) En calculant, pour les cavaliers, une moyenne de 60 jours de service par an, et, pour les fantassins, 30 jours.

(3) Cette moyenne est déduite du double impôt payé par ces tribus pendant les quatre dernières années.

(4) Total, 102,111 francs; en ajoutant une somme égale pour le makhzen du Sud, nous arrivons à un total de 200,000 francs, avec lesquels nous pouvons entretenir 800 cavaliers et autant de fantassins.

III. Colonnes mobiles. — Afin de pouvoir, par la suite, réduire le nombre des troupes que nous avons en Algérie, il faut non-seulement diminuer les postes, mais encore organiser en permanence des colonnes mobiles. Ces colonnes, au nombre de trois par province, seraient toujours sur le pied de guerre, et l'une d'entre elles aurait assez de mulets et de chevaux de bât pour pouvoir monter tous les fantassins et même les hommes du train; elles seraient composées chacune ainsi qu'il suit :

1 bataillon d'infanterie de ligne.....	600 hommes.
1 bataillon de chasseurs...........	800
1 section d'artillerie de montagne....	70
2 escadrons de cavalerie...........	205
Train et ambulances..............	105
1 détachement du génie...........	20
Total...........	1,800

Si une insurrection grave survenait, on augmenterait de deux ou trois le nombre des bataillons de la colonne.

Mais si l'on ne voulait pas se servir de ces mulets pour monter les troupes, ils seraient toujours d'une immense utilité comme réserve, et on ne serait plus obligé, comme dans la dernière insurrection, de lever, dans les tribus, des quantités aussi considérables de mulets, qui meurent sur les routes, parce qu'ils sont impropres au service, et d'imposer ainsi aux indigènes des charges énormes.

Cette organisation, je n'en doute pas, nous rendrait plus forts que nous ne le sommes aujourd'hui, car les colonnes mobiles de 1,800 hommes pourraient, dès le premier moment, étouffer toute tentative d'insurrection et atteindre l'ennemi à l'improviste.

Ces colonnes seraient toujours tenues en haleine, et elles parcourraient les endroits principaux de la province. On dira peut-être que ces 4 à 5,000 mulets causeront une dépense considérable; mais, grâce à ce système, l'effectif actuel de l'armée d'Afrique pourra être réduit de 30,000 hommes, les insurrections seront impossibles, et les expéditions coûteuses, comme celle de cette année, ne se reproduiront plus.

Un général qui est resté vingt-cinq ans en Afrique, me disait à ce sujet : « Le maintien de notre domination sur les « Arabes est aujourd'hui une question de vitesse et d'à-propos « bien plus que de force. Le principe de la permanence des « colonnes mobiles est parfait. En temps ordinaire, les garni« sons n'assurent pas la domination; elles sont d'ailleurs, par « moments, surmenées. Les colonnes mobiles répartiront plus « utilement l'emploi de nos troupes, elles sauveront les tribus « des horreurs et des désastres des réquisitions, qui nous font « tant d'ennemis et ruinent le pays. Rien n'égale le triste sort « du requis, à la suite d'une colonne. Arraché à ses travaux, « traité brutalement, point ou mal payé, pas nourri, couchant « à la belle étoile, sa bête éreintée, que doit-il se passer dans « le cœur de cet homme, quand il parvient à regagner sa « tribu? »

L'armée d'Afrique serait donc ainsi composée : dans chaque province, trois colonnes mobiles de 1,800 hommes chacune, soit 5,400; de plus, pour tenir garnison dans l'intérieur, 7,900 hommes, ce qui, avec l'effectif des colonnes mobiles, donne 13,300 hommes pour chaque province. Total pour les trois provinces, 39,900 hommes. A ce chiffre il faut ajouter 10,000 hommes non combattants, comprenant la gendarmerie, les compagnies de discipline, les ouvriers, les infirmiers, les condamnés, etc... Le tout porterait l'armée d'occupation à environ 50,000 hommes.

IV. Bureaux arabes. — L'organisation des bureaux arabes, qui a produit de si bons résultats, doit, en grande partie, la réputation dont elle jouit à la valeur et à l'intégrité des hommes employés dans ce service. En Algérie, plus que partout ailleurs, on peut dire : Tant vaut l'homme, tant vaut la chose. Si, dans nos sociétés nivelées, la valeur individuelle s'efface devant l'emploi, il n'en est pas de même dans la société arabe, où l'individu a bien plus d'autorité que la fonction. Là, pour longtemps encore, tel officier fera régner la tranquillité dans un territoire où tout autre déchaînerait le désordre et l'anarchie. Là surtout, nous devons nous préoccuper de la valeur des éléments qui forment le point de contact entre les Européens et les Arabes; nous assurer que, dans leur mission délicate, nos agents déploient les qualités indispensables au succès, c'est-à-dire qu'ils se montrent calmes, patients, équitables, indulgents pour les petites fautes d'un chef qui nous est dévoué; qu'ils encouragent dans la voie du bien ceux qui y sont engagés, frappent sans hésiter les fauteurs de désordre, se tiennent au courant des mouvements de l'opinion, et surtout ne froissent jamais l'orgueil de ces seigneurs de la tente, placés par les hasards de la conquête dans une position d'infériorité devant eux.

Il est important que les fonctions délicates de chefs de bureaux ne soient pas données à de jeunes officiers sans expérience. Il y a donc lieu de déclarer qu'on n'admettra à ces fonctions que des officiers du grade de capitaine. Les lieutenants ou sous-lieutenants rempliraient le poste d'adjoints ou de stagiaires. Je sais, d'une manière positive, que le langage et la conduite imprudente de quelques officiers des bureaux arabes n'ont pas été sans influence sur l'esprit de certains chefs qu'ils ont poussés dans l'insurrection. Il faudrait admettre comme règle que tous les régiments de l'armée fourniront un officier aux bureaux arabes, sans en exclure les officiers des armes spéciales, dont les connaissances peuvent être très-utiles en Afrique et dont les occupations, en temps de paix, sont moins importantes que dans les autres armes.

Les bureaux arabes ne sauraient être considérés comme une institution administrative ayant une action et une autorité propres. Les officiers qui les composent doivent tout à fait rentrer dans le commandement, mais il est essentiel que ce commandement, au lieu de recevoir d'eux l'impulsion, soit capable de la leur imprimer; qu'ils se bornent à transmettre les ordres des commandants supérieurs près desquels ils sont placés; qu'ils n'aient pas de cachet particulier; de plus, pour bien marquer cette dépendance, que toutes les lettres des chefs indigènes soient adressées aux commandants supérieurs. De cette manière, les officiers des bureaux arabes ne seront que les officiers d'état-major du commandement pour les affaires arabes; l'amour-propre de chefs considérables par leur naissance et par les fonctions qu'ils remplissent ne sera plus humilié par un jeune lieutenant, auquel ils paraissent être subordonnés aujourd'hui. Dans les revues ou réunions de goums, le commandement sera laissé au chef indigène le plus élevé en grade; les officiers des bureaux arabes se tiendront à côté de lui, et on ne verra plus un jeune sous-lieutenant donner des ordres, souvent mal compris, à des chefs blanchis à notre service.

Il importe d'exiger des bureaux arabes moins d'administration, s'il est possible, et plus de politique. En rendant aux chefs indigènes les détails administratifs et de simple police, on dégagera le service des affaires arabes d'occupations fastidieuses et qui ne sont pas sans inconvénients. Le chef du bureau politique, à Alger, ceux des directions divisionnaires, à Oran et à Constantine, ne quittent presque jamais le lieu de leur résidence, à moins d'insurrection, et c'est alors trop tard. Enfermés dans leurs bureaux, écrasés par la correspondance et par la centralisation du travail administratif, ils n'ont pas le temps de faire de la politique. Ce que je dis d'eux s'applique également, en grande partie, aux chefs de bureaux subdivisionnaires. C'est ainsi que la tâche délicate des relations permanentes avec les indigènes est confiée, la plupart du temps, aux officiers débutant dans les affaires arabes. Ces officiers remplissent leurs fonctions avec tout le zèle de la jeunesse, mais aussi avec son inexpérience des hommes et des choses. Ce sont leurs rapports qui nous tiennent au courant de l'état de l'opinion chez les indigènes, et les événements ont prouvé que nous n'avons pas été toujours bien renseignés. Il est donc nécessaire qu'ils soient sans cesse en contact avec les tribus, sans se mêler de l'administration locale; qu'ils visitent les chefs, écoutent leurs réclamations, leurs griefs; leur expliquent avec patience le but des mesures qui sont prises à leur égard, et qu'on dénature si souvent à dessein. Leur rôle consiste à transmettre aux populations les intentions, les conseils, les vues du commandement, et à faire connaître, en tout temps, à leur chef respectif, ce qui se dit, ce qui se prépare en pays arabe.

v. Milice européenne. — L'armée, aujourd'hui, ne peut trouver aucun appui auprès de la population virile des colons. Ceux-ci n'ont aucun esprit militaire, et ne sont pas exercés au maniement des armes. Dans l'idée de rendre la charge de la conscription moins lourde et cependant de créer en Algérie, au moyen des colons, une force militaire de quelque valeur, je croirais utile d'adopter la disposition suivante : Tous les Français, âgés de vingt ans, habitant l'Algérie depuis un certain nombre d'années, tireront au sort. Ceux qui, par leur numéro, seront appelés à servir, compteront pendant sept années dans la réserve, organisée comme en France; ils y recevront l'instruction militaire, l'uniforme, etc. ils seront dispensés du service actif. En cas de nécessité, les régiments de ligne résidant en Afrique pourront appeler dans leurs rangs les hommes faisant partie de cette réserve. L'exonération sera permise.

Les Français nés ou établis en Algérie jouiront ainsi de l'immense privilége de n'être employés que dans la réserve.

vi. Les Turcos. — Ce que l'Afrique peut produire de plus utile à la France, ce sont des soldats. En effet, cette race arabe si belliqueuse, habituée à vivre en plein air, peut fournir d'utiles contingents, alléger, pour la métropole, le poids de la conscription et compenser jusqu'à un certain point le nombre de soldats que nous sommes obligés d'entretenir en Afrique. Si nous y maintenons 50,000 Français et que, d'un autre côté, nous ayons, en temps de guerre, en Europe, 20,000 Africains, l'occupation de la colonie ne nous aura affaiblis que de 30,000 hommes.

Il s'agit donc d'augmenter, soit le nombre des régiments, soit celui des bataillons de turcos sans accroître les charges du budget de la guerre. Chaque Africain enrôlé viendrait ainsi, dans notre effectif général, diminuer le nombre des jeunes gens français enlevés à l'agriculture, et chaque rengagement compenserait une exonération. Pour atteindre ce but, il y a lieu d'augmenter l'effectif des troupes indigènes, en donnant une prime de 300 francs pour le premier enrôlement, et pour tout rengagement la prime de 2,000 francs. Afin d'éviter un accroissement d'effectif et de dépenses, je retrancherais, des cent régiments d'infanterie française existants, une compagnie du bataillon de dépôt.

Je n'ignore pas que beaucoup d'officiers qui ont servi en Afrique, et dont l'opinion est d'un grand poids à mes yeux, ne sont pas favorables à une augmentation des troupes indigènes et à l'établissement des makhzen. A n'envisager les choses que d'un point de vue exclusif, il est, sans contredit, plus avantageux de n'avoir que des troupes françaises en Algérie, car, sous tous les rapports, elles sont préférables aux autres. Mais là n'est pas toute la question : il s'agit principalement de trouver le moyen de maintenir nos possessions en dépensant le moins d'hommes et le moins d'argent possible, et le Gouverneur général de l'Algérie doit toujours songer à l'éventualité, très-improbable aujourd'hui, mais que par prudence on doit prévoir, d'une guerre européenne qui nous fermerait la mer et le forcerait à défendre notre conquête avec les seules ressources de l'Afrique.

Il convient donc que de longue main il cherche à s'affectionner les populations, à les discipliner, afin de pouvoir, à un moment donné, employer toutes les forces du pays. L'habileté d'un général en chef est de faire en sorte que la guerre pour ainsi dire nourrisse la guerre, en sachant profiter de ce que la contrée où il a transporté son armée lui offre d'hommes et d'approvisionnements. Les exemples de l'histoire ne sont pas à dédaigner; jamais un conquérant n'a pu avec les seuls moyens fournis par la métropole suffire aux besoins de ses expéditions. Si Annibal est resté dix-huit ans en Italie et a vaincu les armées romaines, c'est en joignant à ses Numides des Espagnols, des Gaulois, des Italiens même; César a soumis les Gaules, en appuyant ses légions par des auxiliaires gaulois; toute sa cavalerie était gauloise, et le peuple vaincu lui a fourni plus tard ses meilleurs soldats. Fernand Cortez a fait la conquête du Mexique avec quelques centaines d'Espagnols, secondé par des milliers d'Indiens qu'il avait su attirer à sa cause. Aux Indes, les Anglais ne pourraient conserver leur vaste empire sans le concours des troupes indigènes, et, malgré la défection des cipayes dans le dernier soulèvement, force a été de les réorganiser après les avoir dissous. Toujours, lorsqu'on occupe un pays étranger, on doit savoir y trouver des hommes et des subsides.

L'Afrique a formé d'excellents généraux et d'excellents soldats; mais, par sa position à quelques heures de Toulon, elle ne nous a peut-être pas assez habitués à chercher dans le pays même les éléments d'entretien de l'armée. Nous avons pu nous assurer de ce fait dans nos expéditions en Orient, en Italie, au Mexique. La première pensée des intendants a été de faire venir de France, à grands frais et avec superfluité, tous les objets nécessaires, et de les entasser dans une place du littoral, au lieu de chercher à exploiter le pays théâtre de la guerre. C'est qu'en effet il est bien plus commode de faire transporter par les bateaux à vapeur les approvisionnements nécessaires que de les trouver sur place; mais aussi les expéditions deviennent ruineuses pour la métropole. L'application de ce système a augmenté considérablement les dépenses de la guerre de Crimée.

VII. Les Spahis. — Les trois régiments de spahis peuvent rendre de grands services, mais il importe qu'ils soient plus militairement organisés, et que les cultures des smalas, le service des bureaux arabes, ne viennent pas les distraire de leur métier de soldats.

L'institution des smalas de spahis me parut tout d'abord une idée excellente; elle me souriait d'autant plus que, voulant l'appliquer à l'infanterie indigène, j'espérais ainsi établir sur la frontière du Tell une ligne de colonies militaires qui auraient pu venir efficacement en aide à la défense.

Mais comment ne pas se rendre à l'évidence des faits? Il sera toujours très-difficile de rendre agriculteurs les indigènes qui s'engagent comme soldats, ceux-là surtout qui entrent dans la cavalerie. Un général me disait : « On veut enrôler dans les « escadrons de smalas des hommes de grande tente, y faire « venir des cavaliers, des jeunes gens de famille qui ont l'hor- « reur innée du travail manuel, qui, par leur position, ne « connaissent d'autre occupation que la chasse, les courses à « cheval, les fantasias; autant vaudrait, à Paris, enrôler les « membres du Jockey-Club dans un escadron du train. » Aussi, dans les smalas qui ont réussi, on m'a assuré que les seuls travaux agricoles qui aient quelque importance ont été exécutés par des Européens.

L'agriculture, l'enseignement de nos pratiques rurales, sont une des bases sur lesquelles repose l'institution des smalas. Ces établissements devaient être pour les indigènes des fermes-écoles où on se proposait de les initier à nos méthodes agronomiques, à nos cultures perfectionnées, à l'usage de nos instruments aratoires; mais, pour arriver à ce résultat, il fallait s'adresser à la population réellement agricole, aux fellahs et aux khammès, et non à des cavaliers qui ont pour le travail manuel la répugnance instinctive de toute aristocratie guerrière. A cette observation, on objecte que, si le spahis ne travaille pas lui-même, il fera travailler son khammès. Erreur plus forte encore, car les obligations du khammès sont parfaitement définies : elles se réduisent à un seul labeur, à la moisson et au dépiquage. Hors de là, ne demandez rien au khammès, il abandonne immédiatement la smala; sauf à y revenir, si, dans sa tribu, on exige de lui quelque corvée. De là nombre de réclamations pendantes entre les officiers chargés des affaires indigènes et les commandants des smalas, dont les attributions en pareil cas sont mal ou non définies. D'ailleurs le séjour du spahis ou de son khammès dans la smala est trop éphémère pour qu'il soit possible de les attacher à cette œuvre. En effet, le spahis est lié par un engagement de trois ans, le khammès pour un an seulement; quels avantages peut-on obtenir en agriculture, en arboriculture surtout, dans un si court espace de temps? Le résultat général est une quantité d'abus, d'affaires litigieuses où, par suite du conflit des autorités, le commandement perd toujours un peu de son prestige, et la justice quelques-uns de ses droits.

Il y a pour les smalas, comme pour les colonies indigènes, dont j'avais eu l'idée, un grand empêchement : c'est le mélange, dans un même escadron, du cadre indigène et du cadre français. Les Arabes, habitués à vivre en tribu, sous la tente, dans des pays arides, peuvent, jusqu'à un certain point, se faire à une vie de privations et d'isolement. Ils ont, d'ailleurs, la faculté de se marier, et la famille remplace bien des choses; mais comprend-on l'officier français qui veut faire son éducation militaire et qui est relégué, comme dans la smala d'Aïn Touta, dans une caserne isolée, au milieu d'une plaine aride, en dehors de tout centre civilisé, n'ayant aucune occupation sérieuse, forcé de rester dans l'oisiveté, loin de tout contact européen? Il végète dans un isolement difficile à supporter, et son installation laisse beaucoup à désirer. Tous les bordjs sont mal construits, restent inachevés ou tombent en ruines. Il n'y a pas de routes pour y arriver; de là, la cherté des transports et les sommes considérables qu'ils ont coûtées. Les cadres, dégoûtés d'un service sans attraits, ne sont stimulés ni par un intérêt pécuniaire ni par l'espoir d'un avancement exceptionnel, et les officiers qui voudraient cependant faire quelque bien voient leurs bonnes intentions paralysées par le règlement du 1er mai 1862, si minutieux, si difficile dans son application, mettant tout le monde en suspicion, effrayant les honnêtes gens qui sont peu rompus à la comptabilité, et favorisant les habiles, qui échappent au contrôle par la complication des écritures.

Le remède à cet état de choses est difficile à trouver; mais, afin de rendre les smalas supportables, on pourrait peut-être n'exiger des cadres français qu'un service de semaine.

Il serait bon de créer dans chaque régiment de spahis un escadron composé d'hommes non mariés, qui s'engageraient à rester hors de l'Algérie pendant tout le temps de leur service. On en formerait un régiment de marche qui pourrait être détaché en France; en temps de guerre, il fournirait d'excellents éclaireurs.

En outre, il me paraît utile de séparer des régiments de spahis les hommes employés aux bureaux arabes, soit à titre permanent, soit à titre temporaire. Aujourd'hui, sur un effectif de 884 hommes du 3me spahis, par exemple, 181 sont employés dans les bureaux arabes; ils ne marchent jamais à leur tour de rôle, quoiqu'un registre tenu dans chaque bureau constate le contraire; ils ne font jamais de corvées, mais ils sont occupés aux missions qui rapportent. C'est à eux que sont généralement attribuées les récompenses. Aussi cette position est-elle très-enviée : elle produit une quantité de petites intrigues et de petites jalousies, nuisibles au bien du service autant qu'à la discipline. Tant que les bureaux arabes auront la main sur les spahis, en s'abritant derrière la signature des commandants de subdivision, le commandement des chefs de corps sera toujours difficilement exercé.

Il faut donc réduire de 200 hommes environ l'effectif de chaque régiment de spahis et créer un corps à part, recruté au choix des commandants territoriaux, formant une espèce de gendarmerie (*mokalis*), exclusivement attachée aux bureaux arabes, portant le burnous bleu au lieu du burnous rouge. Les commandants territoriaux auront ainsi des gens à eux, qu'ils récompenseront à leur gré, sans que ce soit au détriment des régiments de spahis, et en dehors de l'action des chefs de corps.

VIII. FORTIFICATIONS. — Il n'est pas douteux que le rôle du génie militaire est de chercher avec les ressources de son art à mettre les côtes et les places de l'Algérie dans le meilleur état de défense possible; mais tout est subordonné aux moyens dont la métropole peut disposer, et il y a lieu de considérer si l'utilité des travaux est en rapport avec la dépense. Or, en France, nous avons de grandes places à terminer; nous avons même, en raison de la nouvelle artillerie, des fortifications à refaire. Est-il donc possible de songer à fortifier également toutes les places de l'Algérie? D'ailleurs, il faut bien le reconnaître, si une guerre générale venait à éclater, les puissances maritimes chercheraient à soulever les Arabes et enverraient des flottes sur les côtes de l'Afrique; mais il n'y a aucune espèce de probabilité qu'elles y tentassent un débarquement. Tout ce qu'on peut donc désirer pour l'Algérie, c'est de mettre les trois chefs-lieux à l'abri d'un coup de main, et d'avoir des bâtiments cuirassés pour défendre les côtes; aujourd'hui les batteries, casematées ou non, me paraissent complétement insuffisantes contre une escadre cuirassée. Il est donc au moins superflu que le génie militaire fasse, même sur le papier, tous ces projets qui ne peuvent pas se réaliser, qui cependant engagent certaines dépenses et empêchent d'aviser à ce qui est indispensable. Je n'hésite pas à déclarer que, demander des crédits de plusieurs millions pour augmenter les fortifications d'Oran, d'Alger, ou de Bougie, etc. est une idée fausse, qui entraîne des servitudes nuisibles à la colonisation, et, pour la métropole, des sacrifices inutiles.

MESURES PROPOSÉES.

1. Réduire le nombre des centres militaires.

2. Porter la plus grande partie des forces près de la lisière du Tell.

3. Diminuer insensiblement l'importance politique et militaire des postes de Géryville, de Laghouat, de Djelfa. Rattacher les tribus de ces cercles à celles de la lisière du Tell, chez lesquelles ces tribus viennent s'approvisionner. Rappeler de ces lieux tous les colons.

4. Créer sur la lisière du Tell des tribus makhzen.

5. Réduire peu à peu l'effectif de l'armée à 50,000 hommes et créer des colonnes mobiles montées de 1,800 hommes.

6. Apporter la plus grande attention dans le choix des chefs

des subdivisions militaires et des bureaux arabes. Éviter les mutations fréquentes parmi les chefs de ces bureaux, et les maintenir au même poste aussi longtemps que le permet l'intérêt de leur carrière militaire. N'appeler comme chefs de bureau que des capitaines; admettre dans ce service les officiers des armes spéciales; les réduire à n'être que les officiers d'état-major des commandants de subdivision. Recommander expressément de ménager en toute circonstance l'amour-propre des chefs arabes, et laisser à ces derniers le commandement lorsqu'on réunit les goums.

7. Organiser la milice européenne en exemptant les jeunes gens tombés au sort, du service en France, et les placer dans la réserve en Algérie, suivant les règles établies pour la constitution de la réserve dans la métropole.

8. Augmenter l'effectif et le nombre des bataillons de turcos, et retrancher, en France, une compagnie par régiment d'infanterie. Chaque rengagement de turcos compenserait une exonération en France.

9. Améliorer les smalas de spahis, créer un régiment de marche et former un corps spécial pour les bureaux arabes.

10. Simplifier le système des fortifications et des servitudes.

IV.

RÉSUMÉ.

D'après ce qui précède, j'aime mieux, vous le voyez, utiliser la bravoure des Arabes que de pressurer leur pauvreté,

— rendre les colons riches et prospères, que d'importer à grands frais des émigrants étrangers, — maintenir nos soldats dans des positions salubres, que de les exposer au climat dévorant du désert. En réalisant ce programme nous obtiendrons, je l'espère, l'apaisement des passions et la satisfaction des intérêts. L'Algérie ne sera plus alors pour nous, comme je l'ai dit en commençant, un fardeau, mais un nouvel élément de force. Les Arabes, contenus et réconciliés, nous donneront ce qu'ils peuvent nous donner de mieux, des soldats; et la colonie, devenue florissante par le développement de ses richesses territoriales, créera un mouvement commercial éminemment favorable à la métropole.

Votre expérience et vos lumières, Monsieur le Maréchal, me sont un sûr garant du zèle que vous mettrez à réaliser tout ce qui peut concourir au bien de l'Algérie.

Sur ce, je prie Dieu, Monsieur le Maréchal, qu'il vous ait en sa sainte garde.

NAPOLÉON.

Fait au Palais des Tuileries, le 20 juin 1865.

TABLE DES MATIÈRES.

CHAPITRE PREMIER.

LES ARABES.

CHAPITRE II.

LA COLONISATION.

CHAPITRE III.

L'OCCUPATION MILITAIRE.

CHAPITRE IV.

www.ingramcontent.com/pod-product-compliance
Ingram Content Group UK Ltd.
Pitfield, Milton Keynes, MK11 3LW, UK
UKHW021601260726
13993UKWH00002B/987

9 782329 225593